中华文化的铸牢与传承研究

苑香红◎著

文化发展出版社
Cultural Development Press
·北京·

图书在版编目（CIP）数据

中华文化的铸牢与传承研究 / 苑香红著. — 北京 : 文化发展出版社，2023.10
ISBN 978-7-5142-4120-4

Ⅰ. ①中… Ⅱ. ①苑… Ⅲ. ①中华文化－研究 Ⅳ. ① K203

中国国家版本馆 CIP 数据核字 (2023) 第 204444 号

中华文化的铸牢与传承研究

苑香红　著

出 版 人：宋　娜
责任编辑：张宝平　　　　责任校对：侯　娜
责任印制：杨　骏　　　　封面设计：张秋艳
出版发行：文化发展出版社（北京市翠微路 2 号 邮编：100036）
网　　址：www.wenhuafazhan.com
经　　销：全国新华书店
印　　刷：天津和萱印刷有限公司

开　　本：710mm × 1000mm　1/16
字　　数：210 千字
印　　张：11.75
版　　次：2025 年 1 月第 1 版
印　　次：2025 年 1 月第 1 次印刷

定　　价：72.00 元
I S B N：978-7-5142-4120-4

◆ 如有印装质量问题，请电话联系：010-58484999

前 言

中华传统文化是历史各时期的文化积淀以及风土人情等的聚合，是中华民族的血脉，是几千年来中华各民族人民群众智慧的结晶。中华传统文化反映了当时社会生产力和生产关系的各个方面。文化传承对于一个国家、一个民族的繁衍和持续发展具有重大的影响力。站在今天的立场上看，中华传统文化中依然有许多值得现代人们重视、研究、继承和发扬的东西。我国传统文化中的优秀部分，需要人们努力传承和弘扬，将其渗透与融入人们当下的生活中，从而为解决现实问题提供有益启迪，并在此过程中不断铸牢和传承。

中华传统文化是人类文明史上最大、最丰富、最有生命力的非物质文化遗产。非物质文化遗产要靠继承而创新，靠传承而发展。5 000 多年来，历朝历代都有无数的杰出传承人在学习、研究和传承着中华文化。而每一个朝代、每一个时代都为其注入了丰富的内容和新鲜的活力，使其根深叶茂，蓬勃发展。深入探究中华文化的渊源、内涵以及精髓，剖析中华传统文化发展所面临的各种现实挑战，是寻找铸牢与传承中华传统文化路径的前提。

本书第一章为中华文化的概述，分别介绍了文化的基本范畴、中华文化的渊源、中华文化的国粹与精髓、中华文化传承的意义四个方面的内容；第二章为中华优秀传统文化，主要介绍了四个方面的内容，依次是中华文化的核心力量、中华文化的价值追求、中华文化的做人准则、中华文化的道德原则；第三章为中华文化铸牢与传承的载体，分别介绍了四个方面的内容，依次是中国文学、中国古代哲学、中国古代艺术与科技、中国饮食文化与中医药文化；第四章为中华文化铸牢与传承面临的困境，依次介绍了中华文化铸牢与传承的时代困境、中华文化铸牢与传承的教育困境两个方面的内容；第五章为中华文化铸牢与传承的路径，主要介绍了四个方面的内容，分别是以语言文字为中心铸牢与传承的路径、以化育知行为关键铸牢与传承的路径、以传播宣传为渠道铸牢与传承的路径、以体系机制为依托铸牢与传承的路径。

在撰写本书的过程中，笔者得到了许多专家学者的帮助和指导，参考了大量的学术文献，在此表示真诚的感谢！限于笔者水平有限，本书难免存在一些疏漏，在此，恳请同行专家和读者朋友批评指正！

苑香红

2023年3月

目录

第一章　中华文化的概述

对中华文化进行深入了解是分析中华文化铸牢与传承问题的前提。本章主要针对中华文化从四个方面做了叙述，分别是文化的基本范畴、中华文化的渊源、中华文化的国粹与精髓、中华文化传承的意义。

第一节　文化的基本范畴

一、文化

（一）文化的含义

1. 文化的基本概念

在汉语词典中，文化的含义大概有三个方面：在第一方面指在人类社会历史的演进过程中，所创造的物质与精神财富的总和，专门指精神方面的财富，是人类智慧的结晶，如文学、艺术、教育、科学等；第二个方面指运用文字的能力以及一般知识；第三个方面指同一个历史时期的不按照分布地点而改变的古代遗迹等综合体。文化的含义大概总结为广泛的知识以及将之活学活用与根植内心的修养。文化是在对人心灵的培养这一理解的基础上发展起来的，文化指人类的兴趣、活动及影响，包括人心灵发展的过程、状态、手段、方法等，以及具有实用性的概念框架。文化是描述性的，不具有价值判断。文化是一套在一定时间里流行于某一群体的行为模式。文化在这个方面的概念被运用到人类学、社会学、教育学、心理学、政治学等领域。

2. 文化的不同内涵

不同内涵的文化意义是不相同的，可以分为广义的、狭义的和引申意义的。广义的文化指人类创造的物质财富和精神财富，是人类社会的积淀物。其中，物质文化包括自然文化、经济文化、军事文化、建筑文化等。精神文化包括政治、宗教、文学、艺术、教育、科学、伦理、哲学等。广义的文化可以说是人类立足于自然界独特的生存法则，着眼于人类与其他动物的本质不同。文化可以是活动方式，也可以是工具器皿等。狭义的文化不包括人类物质创造活动及其结果的部分，专注于某一项精神活动及其结果。引申意义的文化指在本义和广义的基础上衍生出来的更加常见的含义。引申的文化不管是中国还是外国，都很容易看到，汉语词义的引申含义更加复杂和丰富多彩。

（二）文化的性质

1. 社会性

文化具有社会性，属于一种社会的文化形态，包括物质和精神两种。因社会载体的不同，文化呈现不同的状态。

2. 民族性

民族性与民族的产生、发展联系紧密，文化的民族性主要表现在以下方面：首先，文化的民族性体现出一定的民族特色。不同民族特色组成不同的文化。其次，文化的民族性反映出一定的历史传统。中国历史传统具有深厚的文化积淀，传承下来的文化富有历史色彩。最后，文化的民族性体现出一定的宗教信仰特点和语言特点。

3. 阶级性

不同统治阶级为了维护自己的统治，会产生不同的文化方式。文化被统治阶级利用，只要有统治阶级，就会有文化的阶级性。

4. 延续性和发展性

文化的传承经历了很长的时间，沉积下来的都是进化与发展的结果。社会进步必然会推动文化的发展，文化的延续性与发展性表现为时间、空间、内容的相承、扩展与创新。

（三）文化的分类

依据结构和范畴来划分，文化具有广义和狭义两个概念。广义文化和狭义文化的概念在上文中已经提到。从文化的多元性和错综复杂性的角度来看，我们可以将其大致划分为三个不相同的方面，也就是物质文化、制度文化与心理文化。

其中，物质文化是一种显性文化，它是显而易见的文化现象；制度文化与心理文化是一种无形的隐性文化，各自扮演着重要的角色，主要包括生活制度、价值观念等。文化分为物质文化和非物质文化两大类。

1. 物质文化

物质文化包含生产工具和劳动对象等，指人类在发展、创造中发掘的技术、物质产品。物质文化联系社会经济生活的组织方式，通过经济、社会、金融和市场基础设施显示出来。能源、通信、交通等属于经济基础设施范畴；住房、教育等属于社会基础设施范畴；金融和市场的基础设施包括为企业服务的机构。一般来说，在自然状态下存在的物质不属于物质文化的范畴。

2. 非物质文化

非物质文化指那些有艺术、历史价值的非物质形态的东西，包括人类在实践过程中创造的各种精神文化，如少林武术、中华刺绣等。无论是非物质文化，还是物质文化，文化的核心都是人。文化由人类创造出来，是人类智慧、创造力的体现。人类是文化的创造者和享受者。人虽然需要受到文化的约束，但是在文化中永远是主动的。了解和研究文化就是研究人的创造思想、行为、心理及成果。

（四）文化的功能

1. 整合功能

文化可以把其他文化中的各个要素有效整合，协调成员的行动。文化为群体中不同成员的沟通和交流搭建起桥梁，整合不同的性格和思想，促进他们更好地合作和达成共识。

2. 导向功能

文化给人们的行动提供了一定的方向，以及可以选择的方法。例如，人们通过共享文化可以知道何种行为在对方眼里是合适、积极、可被接纳的，文化能够指导人们选择有效的行动。

3. 维持秩序功能

一种文化的形成、确立意味着该种价值观、行为规范的被遵从和被认可。人们在不断地学习和对共同生活经验积累的基础上形成了文化，文化经历了人们的筛选和比较。文化确立的社会秩序能在文化的作用下维持下去，这是它维持社会秩序的功能。

二、传统文化

（一）传统的释义

“传统”是世代相传的东西，包括思想、行为、想象的产物等。其中，“传”字有传承、传递的含义，“统”字有连续的含义。经过一代代的积累和传递，“传统”延续到今天，影响着人们生活的方方面面。传统文化反映民族特质和风貌，是各种观点的集合。民族有形的物质文化和无形的精神文化共同构成了自己的传统文化。

（二）传统文化的概念和内容

传统文化作为一个大的概念，由“传统”和“文化”两个概念构成。与“现在”相对应产生“传统”，“传统”随着社会的不断进步而发展改变，过去属于“传统”的一部分，现在、未来都将属于“传统”。“传统”相对稳定，具有地域色彩，积极的“传统”具有推动社会进步的潜力，消极的“传统”则可能成为社会进步的绊脚石。根据地理位置的不同，传统文化可分为中华传统文化与外国传统文化两大类。其中，中华传统文化以儒家文化为中心，综合了政治、经济、思想、艺术等内容，经历上千年形成，相对稳定。文字、语言、书法、音乐等都是中华传统文化的组成部分。

中华传统文化包括宗法、农业、血缘文化，伴随时代的发展，内容不断丰富，相互关联，密不可分。比如，封建社会的大家庭强调辈分和地位的等级差距，重视家族家规。在鲁迅先生的小说里常常能看到宗法文化对封建统治和人们思想的影响。我国是一个农业大国，以农业为基础的经济形态决定了我国产生了与之相适应的文化制度。

（三）传统文化的影响

传统文化的影响可以分为横向的影响和纵向的影响。横向的影响指中华传统文化和外国文化的差异与影响，纵向的影响指传统历史文化对于现代文化的影响。从横向来看，中华传统文化对国外其他国家产生了深远影响。在中国历史上，各个时期都有中华传统文化对世界产生影响的典型事例。比如：公元 7 世纪朝鲜在首都讲授儒家经典；培根给予中国发明高度评价。在当今时代，孔子学院遍布世界各地，中华传统文化将持续、广泛、深远地影响外国文化。

从纵向来看，传统文化对现代文化的影响可以分为积极影响和消极影响。在封建社会，封建的本意就是分封建制。在中国古代，人与人是不平等的，不同等级的人们不能来往、通婚，男尊女卑的观念一直存在。忠君的思想在皇帝时代一直被推崇，直到孙中山先生推翻帝制，形成民主革命思想，提出指导革命的三民主义结束了两千多年的封建帝制。

封建文化的核心是儒家思想，封建文化追求德治，重视人治，儒家思想是封建社会的正统思想。虽然儒家思想有一些局限性，但是仁、义、礼、智、信的文化内涵始终具有积极意义。

三、中华优秀传统文化

（一）中华优秀传统文化的概念

中华优秀传统文化与中华传统文化相互交融，形成了一种不可分割的整体和部分的紧密关系，中华传统文化中的精华部分被称为中华优秀传统文化，它是对中华历史的记录与传承，是对人类精神、社会文明的思考与总结。文化凭借它独有的魅力记录着历史，推动着历史，改变和传承历史。中华优秀传统文化可以激发民族自信心和自豪感，鼓励人们前进，反映中国社会健康的精神方向，有很强的生命力，具有持续性和稳定性。中华优秀传统文化在当代表现为自强不息的奋斗精神、厚德载物的博大胸襟、崇德重义的精神境界及团结统一的价值方向。

（二）中华优秀传统文化的基本内容

中华传统文化曾以辉煌的火焰照亮了东方，但是伴随近代中国的落后和屈辱，中华传统文化也一度落后。正确处理当代与历史的关系，有助于增强民族自信心。总的来说，中华优秀传统文化包括以下基本内容。

1. 重德精神

中华民族以重德著称于世，道德是人的行为修养，对国家、民族的发展有积极的影响。儒家思想的核心为“仁爱”，崇义、尚仁体现了中华民族的重德精神内涵。

2. 宽容精神

孔子提出的“仁”即爱人，孟子提出的“仁政”，以及墨子提出的“兼爱”都是宽容精神的体现。《易经》指出，君子应当具有像大地一样宽广的胸怀，用宽厚的德行包容世界。人需要有伟大的胸襟，可以容纳一切，有能力在对立中求统一。通过包容、融合成为一个整体。“中庸”思想很好地诠释了“和”字。

3. 自强精神

作为中华民族精神的一部分，自强不息蕴含于传统文化中，正是坚韧不拔、自立自强的精神支撑着民族的发展和进步。中华民族自立于世界民族之林靠的就是由此拓展出来的刚正不阿、不屈不挠等精神。

4. 求实精神

中华文化比较关注社会、人生问题，同时也非常关注人性与人心，始终坚持从实际出发和实事求是的重要原则。孔子教育弟子实事求是，反对主观臆测就是实事求是精神的体现。中国人一向务实，主张踏实的作风，在性格上被打上了朴实、脚踏实地的烙印。

（三）中华优秀传统文化的特征

1. 崇德尚贤的伦理性

在中国几千年的历史中，中华优秀传统文化遵循德育至上，以伦理道德为核心。儒家思想中提到，大学教育旨在彰显德行，去除污点，达到至善至美。《论语》中也对修德有要求，人应该遵守修养，通过道德教育，将人与动物区别开来，社会应该弘扬德行。

中华优秀传统文化在古代典籍中有记载，在古代人们道德践行中有反映。一方面，古代统治者以道德手段教育感化人们，实现其统治目的；另一方面，古代人们崇尚理想的圣贤人格，以儒家思想为标准约束行为，从而提升境界，实现价值。

2. 延绵不绝的生命力

在近 6 000 年的人类历史上出现过 26 种文化形态，其中比较早的文化体系除了古中国文化，还有古印度文化、古巴比伦文化、古希腊罗马文化、古埃及文化等。中华优秀传统文化属于这些文化形态中唯一一种延绵不绝的文化。中华优秀传统文化在东亚大陆按照逻辑演化历经5 000多年而不中断，这些体现出它较强的生命力和稳定性。

3. 开放、包容、内化的自我革新性

古代中国属于开放的国家，国家内部之间各个诸侯国相互合作，同时与其他国家的交流和文化传播具有兼容性和开放性。中华优秀传统文化发源于黄河流域，随着北方游牧民族的入侵，逐渐受到游牧文化影响，农耕文化与游牧文化在交融中，保存特质，互相融入吸收。中华优秀传统文化具有包容性，吸收外来文化的精华，比如，古印度的佛学从汉代传入中国以来，与儒家、道家一起成为中华优秀传统文化的重要组成部分。包容力展现了中华优秀传统文化的胸怀与气魄，以及文化的自我革新精神。

（四）中华优秀传统文化的道德力量

1. 正心修身

（1）安贫乐道

中华民族最讲究修身，在中华优秀传统文化中，修身占据着非常重要的地位。修身影响个人的处世与事业发展。每一个炎黄子孙都应该将传统美德内化为力量，按照传统文化的要求提升自己。每个人的成长道路都有逆境、挫折和痛苦，有些经历可能会超出一般人的承受能力，如何才能经受住这些严峻的考验，渡过难关？关键的不是靠外力的支持，而是靠自己的修养。安贫乐道告诉人们，虽然处境贫困，但仍需要坚持信仰。“道”字原义为儒家的道德，后来被引申为人生的信念、理想、行为准则。孔子认为吃着粗粮、饮着自来水、把胳膊当枕头也是充满乐趣的，一个人的快乐不在于物质享受，而在于精神追求。人一旦把心思都用在追逐金钱和名利方面，就不能一心向道。而且，古人认为，财富多了会滋长很多欲望与私心，干扰求道。人是最具备适应能力的动物，所以在贫困中生存下来很容易。问题是，当一个人面对贫困境遇时，是痛苦地活下去还是选择过一种快乐的生活。在这个时候，人们心中应该有一个坚定的信念。相信梅花香自苦寒来，就能够忍受当下的苦寒，就会产生出刻苦用功的动力。作为一种正心修身的方法，安贫有助于人们更好地求道，修炼自己的心智；乐道则有助于人们克服当下的贫苦，坚定自己的理想和信念。

（2）勤劳节约

中华民族勤劳、勇敢，万里长城、大运河、都江堰等伟大工程都是民族辛勤劳动的见证。在中华文化历史上，流传着许多用劳动征服大自然的动人心弦的故事。热爱劳动是立身、安家、兴邦的根本。中国古代最伟大的医药学家李时珍就是一个把热爱劳动这一美德发扬光大的人。我国古代人民很懂得劳动的重要性。墨子认为，劳动是人与动物的根本差别。人跟动物不同，人类如果想要生存下去，必须自食其力，“赖其力者生，不赖其力者不生”。勤劳的美德是开源，节约的美德是节流。勤劳节约让人类积累了大量的物质财富和精神财富，帮助中华民族历经磨难依然屹立在世界的东方。《左传》中说：“俭，德之共也；侈，恶之大也。”① 意思是说：节俭，是善行中的大德；奢侈，是邪恶中的大恶。《尚书》对一国之君的要求是：“克勤于邦，克俭于家。”② 我国古代的圣贤之君都是国事勤劳，家庭节俭。作为中华民族一直持有的传统美德，节俭影响着历代人的行为，崇尚节俭在物质财富相对富足的今天仍然适用。人们应该培养节俭这一美德。因为只有具备了这一美德，才能不为物欲所羁绊。纵观古今，凡是留名青史的人，都拥有节俭这一美德。

（3）明礼诚信

我国之所以有礼仪之邦、文明古国的美誉，就是因为自古以来，我国特别讲究隆礼。这里所谓的“礼”指的是礼仪、礼貌、中和、谦敬。《礼记》中还专门有这样的规定：“入境而问禁，入国而问俗，入门而问讳。”③ 意思是说：进入一个地区，先要问当地的法制禁令；进入一个国家，先要问该国的风俗习惯；进入别人家里，先要问主人有什么忌讳。明礼和诚信二者存在密切联系。诚信只有通过礼仪才能真实地表达出来；明礼只有通过诚信的本质才能免于虚伪。古人把忠信看作礼的本质。诚于内而礼于外，是对二者关系最恰当的解说。在“诚信”这个词语中，“诚”指诚恳、诚实；“信”指信用、信任。诚和信合在一起，就是指做人需要忠厚，信任他人，也让他人信任自己。

（4）浩然正气

根据孟子的观点，浩然之气是刚正之气，是大义大德造就的一身正气。更加

① 左丘明．左传译注 [M]．王珑燕，译．上海：上海三联书店，2018．

② 苏智恒．礼记·尚书 [M]．北京：团结出版社，2018．

③ 戴圣．礼记 [M]．王红娟，译．长春：吉林大学出版社，2021．

直接点，就是骨气和节操。《荀子》一书中说："大节是也，小节是也，上君也；大节是也，小节一出焉，一入焉，中君也；大节非也，小节虽是也，吾无观其余矣。"[①]从修身的角度来讲，小节无疑也是重要的，在小的事情上能够让自己的行为符合道德要求，是个人美德的具体体现。但从政治生活角度来讲，古人更注重的是大节，一个人在原则问题上坚持底线，临大节不可夺，是保持气节的关键。因此，大节是指一个人对国家、君主忠诚与否；而小节则是指一个人的个人生活中个性品德的好坏。

气节一直是古代思想家推崇的精神力量，属于一种崇高的美德。孟子认为，坚持道义到一定高度，自然会产生一种至刚的力量，鼓舞人们勇敢前行。首先，每个人都有自己的尊严和人格，尽管人格表现出明显的不同，但人们在评价它时总会有一些共同的标准。这些共同的标准就是人格的尊严和独立。其次，人应该有正义感，可以为了正义不惜牺牲一切，大义凛然。最后，人应该维护民族和国家的利益。

2．与人为善

中国人始终把人际关系当作人生中的一件大事，围绕着这件大事，产生了诸多传统美德。这些美德主要有以下四种：忠、孝、仁、义。这四者分别规定了中国传统社会最为重要的四类人际关系：孝，讲处理家庭生活中各种关系的基本准则；忠，讲处理个人与社会、国家关系的道德规范；仁，讲人与人之间、个人与陌生人、上级与下级之间的相处之道；义，讲处理人际关系，尤其是利益关系的道德要求。忠、孝、仁、义这四个基本道德规范，是中国传统社会道德生活的基石。在此基础上，传统道德的其他规范得以建立和发展。总体而言，这四种传统道德的终极目标可归纳为四个字：与人为善。

（1）尽己之谓忠

《论语》中"三省吾身"的第一省"为人谋而不忠乎"意思是，替别人做事时，有没有不尽自己心力去做的时候？在这里，"忠"是尽心竭力的意思。"忠"还表现为尽职尽责，认真做好自己的本职工作。最后，"忠"表现为忠于民族和国家，忠于自己的祖国和民族，将个人命运与祖国、民族的命运紧密相连，时刻关心国家和民族的命运。

① 荀况．荀子[M]．曹芳，译．沈阳：万卷出版有限责任公司，2020．

（2）孝为人本

孝是为人之本。中华传统美德第一经的《孝经》更是把孝提到了无与伦比的高度，孝不仅仅是一种美德，它还是做有道德的人的根基。孝顺父母是做人的根本，一个人只要在家庭生活中是一个孝子，那么当他走向社会后，就不会干什么坏事。对这个观点的理解思路是这样的：连养育自己的父母都不孝顺，那这个人还能对得起谁呢？或许正是这种思路的影响，古人将孝界定为诸德之本，国君可以用“孝”治理国家，臣民能够用孝立身理家。由于对孝的这种推崇，所以在中国古代选举官吏时，孝顺父母是一条重要的道德标准。

（3）仁者爱人

中华优秀传统文化中分量最重的一个字是“仁”。孔子提出“仁者爱人”，“爱人”就是仁，是中华传统道德的精髓。这一传统美德要求人们在日常生活中、与人打交道时要常怀一颗爱人之心，与人为善。因此，爱人应当是真实的、发自内心的想法，虚伪就是不仁。“仁”有很多种表现形式，比如系身成仁、仁政爱民，大仁不拘小节，其核心在于推己及人。所谓推己及人，就是设身处地为别人着想，这就是最高尚的仁。推己及人的对象主要有两个层面：一是自己身边的人；二是整个社会中的人群。从影响身边人的角度来讲，“己所不欲，勿施于人”“己欲立而立人，己欲达而达人”。这两个方面的内容在传统道德学说中被称为“恕道”。

在日常生活中，人们将心比心，不损害他人。自己不愿意做的事情，不能要求其他人去做或者替你去做。作为子女，自己在家里不愿意干的活，不应该要求父母替自己去干；作为朋友，自己不愿意做的事情，不应该要求他人帮助自己去做；作为社会的一分子，自己不愿意尽的责任，不应该要求他人替自己尽责。“己欲立而立人，己欲达而达人”[①]则要求人们将心比心，积极利人、助人，给他人以机会和力所能及的帮助。你自己想在困难的时候获得别人的帮助，那么在别人困难的时候，就应该去帮助他人；你自己想获得成功，那么就应该帮助他人获得成功，至少是不阻碍他人获得成功；你自己愿意成为一个善良的人，那么就应该创造条件去帮助他人培养他的善良本性。

孟子所说“穷则独善其身，达则兼济天下”[②]这句话是古代知识分子的理想人

① 孔丘．论语[M]．杨伯峻，杨逢彬，译．长沙：岳麓书社，2018．

② 孟轲．孟子[M]．杨伯峻，杨逢彬，译．长沙：岳麓书社，2021．

格和道德标准。这句话的意思可以理解为：当一个人能力有限时，应尽力提升自己的修养；能力较强时，那么就要努力为天下人造福。概言之，“恕道”的基本思想是用自己的感受去理解他人的感受，用自己的品德帮助别人的品德成长，懂得换位思考。“己所不欲，勿施于人”属于基本的、起码的要求，这一要求在现代社会中被称为道德的黄金定律；而“己欲立而立人，己欲达而达人”则是更高的要求，由此可以成为中国传统道德所要求的“仁人”。

（4）义在利先

义，就是人们今天常提的“道义”。它是中国传统道德的“五常”之一，也是古人与人相处中使用频率最高的一种道德规范。义，繁体字写作“義”，由“羊”和“我”两字构成。在后来的形变中，“义”作为一种道德规范，含义十分丰富。对“义”的道德要求进行系统论述的是孟子。《孟子》一书中，使用“义”字108次，将义作为人的立身处世的根本。自孟子后“义”开始成为中国人道德生活的基本规范，影响至今。谈“义”，必然绕不开“利”，“义利”是中国传统文化中无论如何都绕不开的道德话题。孟子把“义利”问题谈得十分透彻。孟子对“义利”孰轻孰重，如何把握进行了详细的说明，明确提出“重义轻利”。

第一，“义”为宜，是一个人适合做的、应当做的事情。古人多以“宜”来解释“义”。事得其宜之谓“义”，“义者，事之宜也”，而“宜”在古代就是应当的意思。面对一件事，采取最为适宜、恰当的行动，做出最为合理的反应，便是“义”。当人们看到歹徒正在行凶，当事人生命受到威胁时，挺身而出，采用一定的行动加以阻止，这就是“义”；否则就是不义。“义”的要求超越个人的利益的考量，关注的是应不应该，而不是个人利益的大小。一旦考虑了利益的大小，那就是利在“义”先了。

第二，“义”要求做出的行为，是一个人在特定环境下应该做出的行为，这种行为本身应当是以对是非善恶的正确判断为前提的。人们现在生活中流行一个词叫作“讲义气”，但古人早就说过，“义”的道德要求一定不能违背善。朋友的正当需求，我们当然应该倾力相助，但如果朋友想做的事情是违法或不道德的，我们更有义务维护道德和法律的尊严。人遇到的所有事、许给别人的所有诺言，都不一定是必须履行的，关键是看这些事情和诺言是否符合道德和法律的要求。“义”要求的是做好人，而不是做一个为了所谓“义气”敢于作奸犯科的愚人。

第三，“义”的要求内容是因人的身份、职业不同而有所不同的。在古人的传统道德规范中，待人以礼是相当重要的，对任何人都应该以礼相待。尊师重教就是其中之一的礼，也是中华民族的传统美德。

3．君子怀德

在中国传统文化中，君子人格是每个人都可以通过修德形成的人格，君子境界也是每个人都能到达的境界。仅仅从人格来讲，具备前面所讲的美德就是“内圣”；但只有具备隐忍、知耻、无私，才可以做到“外王”。

（1）隐忍

中华民族是一个极具坚忍力的民族。无论佛家、道家还是儒家都对“忍”情有独钟，都认为“忍”是成大事的一种必备美德。儒家特别看重“忍”，《论语》中多处记载孔子论“忍”。孔子在《论语》中表述：“小不忍则乱大谋”，意思是小事不能忍让，就会破坏大事情。中国传统典籍中有很多关于“忍”的论述。我国民间对“忍”的理解更是别有趣味。

（2）知耻

对于知耻，应该明确以下三个问题。首先，知耻必先知善。我国古人很重视独立人格的培养，认为人人都有自己的价值，都有行仁德的能力。人以礼来节制自己，以广德之心为人处世，就会成为正直的人。没有高尚品德的人只会为自己的个人利益算计，不会感到羞耻，所以一个人需要努力做到心怀坦荡、严于律己，知道什么是“善”，方能知道什么是“耻”。在此基础上，才可以做到言行如一。其次，知耻必先自知。知耻需要发自内心，需要主动进行；知耻需要做好自己的权衡与选择；知耻需要认识、了解自己。看清楚自己，认知自己的优点和缺点，了解自己的责任与位置，这样才能知道“耻”的内容，勇于改正问题。最后，知耻后必有行动。古人常说知错要改，知耻后也一定要有相应的行动，停留在心中的“知耻”是于事无补的。

（3）无私

儒家从天人合一的思想中总结出无私，它是道德中的重要组成部分。《道德经》用辩证法的思路指出，“非以其无私邪，故能成其私。”[①] 意思是：只有无私，才能获得自私；只要无私了，自私自然不请自来。在中国人的心灵深处，无私历

① 李耳．道德经[M]．安伦，译．上海：上海交通大学出版社，2021．

经千百年的发展，已经成为传统文化的一部分。

总之，中华优秀传统文化的本质包含民族精神，它协调、推动民族的生存和发展，是一个民族凝聚力、创造力的表现，也是一个民族生存发展的核心基础和灵魂。中华优秀传统文化与民族精神相互交融，密不可分。民族的伟大复兴需要中华优秀传统文化的支持，中华优秀的传统文化可以传之久远，让民族更有底气和信心，可以提升人民的思维能力。中华优秀传统文化在世界文化中独树一帜，它对整个世界文化的发展也产生了重大的影响。作为推动中华优秀传统文化发展的中坚力量，高校学子必须坚信中华优秀传统文化所蕴含的力量，充满自信，以昂扬的斗志推进事业的发展。

第二节　中华文化的渊源

一、仁爱思想

在中国古代文献中还有这样一种说法，“仁”的观念可能与东夷集团有关。如许慎在《说文解字·大部》中解释了“夷，东方之人”之后，又在《羌部》中指出：“夷俗仁，仁者寿，有君子不死之国。”[①] 夷是上古中国东方诸多部落的总称，那里人们风俗仁厚、淳朴，活得长寿，有君子、不死之国之说。《后汉书·东夷列传》解释东夷的“夷”字时指出：“《王制》云：‘东方曰夷。’夷者，柢也，言仁而好生，万物柢地而出。故天性柔顺，易以道御，至有君子、不死之国焉。”[②] 柢即树木的根，树木有根才能生长，仁德对人来说就是生长的根，人有仁德才可健壮长寿，所以有“夷俗仁，仁者寿”之说。“仁德”不仅在观念上被逐步确立，还逐渐地被应用于政治实践。据《后汉书·东夷传》记载：周穆王的时候，徐偃王当国，行仁义，诸侯不朝于周而朝于徐者三十六国。这引起了周穆王的恐慌，于是联合南方的楚国，大举讨伐。偃王不忍使他的百姓受到战争的戕害，于是带着他们逃到彭城五原县东山下。

殷商文化是以东夷文化为基础的，宋襄公传承了东夷人的仁德文化，内修国

---

① 陆宗达．说文解字通论[M]．北京：北京出版社，1981．

② 范晔．后汉书（下）（文白对照）[M]．李虎，译．西安：三秦出版社，2004．

政，仁义治国，国力有较大的提升，并以仁义为号召，成为春秋五霸之一。不过，他和其他四霸齐、楚、秦、晋不同，其他四霸皆因实力强大，能够召集各诸侯会盟而称霸。宋襄公只是在齐国内乱时，帮助齐公子复国，想代齐作为盟主，但没有军事实力。公元前638年，宋、楚泓水之战时宋襄公实践“仁义”，结果被楚军击败，自己也因伤重身亡。这不是宋襄公行仁义之过，而是到了这个时期王道衰微，霸道兴起，时势变化。但不管怎样，由以上可以看出，东夷仁德文化的传统是仁爱思想的一个渊源。

传说黄帝十分注重以仁德治国。凭借着以德治国的先进治国理念，黄帝深受其他部落的依赖与支持，这些部落先后归附黄帝，从而黄帝的势力逐渐扩大，威望也越来越显赫。在当时部族激烈的生存竞争中，黄帝能够宽厚仁慈，以德服人，以情感人，尽量不用武力，唯有在迫不得已的情况下，才会采取战争手段来消除战争的威胁。据传，黄帝和蚩尤在决战之前，曾试图以仁义之心感化蚩尤，但蚩尤始终执迷不悟，决定与黄帝一决高下，他认为自己是最强大的力量，因此决定用强兵强将打败炎帝族的军队。最终，黄帝决定以武力的方式对抗蚩尤的挑战，于是掀起了历史上著名的“涿鹿之战”。黄帝在战争中获胜，蚩尤则遭遇失败。尧舜作为圣王，仁观念在他们推行的“禅让制”中获得了很好的体现。尧舜爱亲尊贤，以天下为公，实行禅让制，是仁义精神的集中体现。《孔子家语·五帝德》中认为帝尧有如天的仁爱，如神的智慧；他虽然位高权重，却与百姓亲近，民众接近他，他就像太阳一样温暖，仰望他，他就像云彩一般绚丽；他富有而不骄纵，尊贵而不逸乐。舜生活在“父顽、母嚚、弟傲”的家庭环境里，父亲心术不正，继母两面三刀，弟弟桀骜不驯，几个人串通一气，欲置舜于死地而后快，然而舜对父母不失子道，十分孝顺，与弟弟十分友善。大舜明白万事万物的道理，明察人伦关系的实质，因此能遵照仁义的本心来为政，而不是为了行仁义的名号才这样做。后来儒家推崇的“尧舜之道”的基本内涵就是以仁心行仁政。《论语·泰伯》和《礼记》中多次记载了孔子对尧舜禹的追慕赞美。孟子追慕尧舜之道，倡导仁义道德。这都说明尧舜仁德是儒家思想的主要渊源。

殷商的开国之君商汤是一位有仁爱之心的圣王。他仁德宽厚，励精图治，把自己的国家治理得很好，也深得其他诸侯国国君的爱戴与信任。司马迁在《史记·殷本纪》中记载了商汤“网开三面”的故事：汤出，见野张网四面，祝曰：“自天下四方皆入吾网。”汤曰：“嘻，尽之矣！”乃去其三面，祝曰：“欲左，左。欲右，右。不用命，乃入吾网。”诸侯闻之，曰：“汤德至矣，及禽兽。”[①] 从这件小事上可以看出，商汤对鸟兽都怀有仁爱之心，不让猎人把他们赶尽杀绝，是商汤仁爱的典型体现。商汤的仁德声名远扬，使处于夏桀暴政之下的民众都愿意归顺商汤。后来，时机成熟，商汤灭夏，建立了商王朝。

司马迁在《史记·周本纪》中记叙了周人从后稷、公刘到古公亶父、公季“笃仁、敬老、慈少、礼下贤者”的仁政传统，《尚书大传·略说》记载了古公亶父继位后，以德治国，广施仁义，百姓都非常爱戴他。到了文王，以勤政为本，注重农业生产的进一步发展，礼贤下士，广招优秀人才，使“天下三分，其二归周”[②]。《大戴礼记·少闲》说文王以德行、文略而使天下归心。周公是周文王的儿子，周武王的弟弟，周成王的叔叔。周文王在时，周公以孝顺和仁爱著称。文王去世后，周公辅佐武王伐纣，被封为鲁国的国君。武王英年早逝，成王即位，但是年纪太小。于是，周公便宜行事，代替成王行使天子的权利。等到成王长大成人，周公便还政于成王。周公治国以注重德治、明德慎罚为基本原则，谆谆告诫周人“皇天无亲，唯德是辅”，要周人“敬德保民”“以德配天”。

二、民本思想

“民”的本义指被治理的庶人百姓，在古代主要有四种类型：士民、农民、工民和商民。这里的“民”可指代社会地位，即不拥有权力的平民阶层；也可指代职业身份，即以某种职业谋生的阶层。士民指从事知识生产的劳心者，其他三类皆为参加经济生产的劳力者。士民是被统治者，没有独立的经济能力，以知识权力作为资本而附着于政治权力，同时也是统治者，“为天地立心，为生民立命，为往圣继绝学，为万世开太平”，因为拥有知识立法权而居于四民之首。其他三类是社会财富的创造者、生产技术的革新者和土地的耕作者。由于古代政治“家天下”的特点，君权和君王是时常轮换的，可是民的地位和作用相对来说较为恒定，因而黄宗羲说：“盖天下之治乱，不在一姓之兴亡，而在万民之忧乐。”[③] 四民

① 司马迁．史记[M]．杨燕起，译．长沙：湖南岳麓书社有限责任公司，2021．

② 司马迁．史记[M]．谢冰欣，译．成都：四川人民出版社，2020．

③ 黄宗羲．明夷待访录[M]．南京：凤凰出版社，2017．

是社稷的根本，他们的生存状态是政治首要的出发点，是判定国君是否彰显圣王之道的基本依据，因此民本思想是维护统治的根本原则。

（一）我国古代的民本思想的发轫

夏、商、周三代的政治文明始终未能脱离神权政治的范围，不过统治者在总结政治得失时，一直关注民意民情。他们希望把神意和民意结合起来，取得统治上的长治久安。商汤讨伐夏桀王的誓师令通过指出夏桀王不体恤民情的事实，为征战及兴师问罪找到理由，并达到凝聚民心、鼓舞士气的目的。这成为历代统治者在反思前朝灭亡教训时的惯常做法，如此民本思想得以流传并巩固下来，成为政治文明中的主体内容。

（二）我国古代民本思想的历史基础

民本思想具有完整的体系，有其产生、形成、成熟和演进的基本脉络，它凝聚了中华先民对政治理想和国家文明的执着求索，反映了把民众放在历史变迁的中心地位的执政理念。治国理政时必须赢取民心、民力，必须了解和满足民众的基本需求，必须把民众的安宁生活和国家的历史命运结合起来。

1. 民本思想是对天本思想的主动扬弃

身处文明初期的华夏民族，对变化万端的大自然充满了好奇，可无法从科学的角度来理解自然界的种种现象。在对超自然力量的膜拜和崇敬当中，相信天命，相信鬼神的力量主宰着人心得失、历史沉浮。夏商已经建立了基本的国家模型，最初的统治者事神至诚，以尊天事神为政，认为国家的存亡断续都是上天的作用，国君是奉天命以治理国家和管理人民，故称“天子”。像周朝取代商朝和商之代夏一样，都是变革了“天之大命”。这使一些人文觉醒者意识到“天命靡常”，即天命是不可靠的，继而反对和怀疑天命的存在。在不彻底废弃天命的前提下，他们突出人事和民情对政治统治的重要性。“周虽旧邦，其命维新”[①]，这种鼎新革故的创新意识使周朝国君认识到，周朝取代商朝是“顺乎天而应乎人”，这次历史转折事件既顺从天意，亦顺应民心，不仅是继承天命的结果，也是人的积极作为的表现。民众的主动力量也参与其中，他们的呼声成为变革社会的重要影响力量。

---

① 李建中．中国文化概论[M]．2 版．武汉：武汉大学出版社，2014.

2. 民本思想来源于民众的力量和历史作用

民众在协助周王朝推翻商王朝的过程中表现出的巨大力量，是民本思想的重要现实来源。周朝民众在推动周王朝取得统治地位的历史进程中，表现出不可低估的对政权更替的影响，这使统治者认识到“小民难保”，对“民”的力量不能不有所尊重和警惕。新生的朝代既要依赖民众的鼎力支持和团结一致才能使政权稳定，同时也要防备这些被欺压和被损害的人去寻求新的政治依靠，而动摇了国家统治的民心基础。周朝初著名的政治家周公旦曾经郑重地告诫当时的统治阶层：“民之所欲，天必从之。”这是说民众愿意的事情，上天也会遵从他们的意愿，也听取民间的疾苦，国君也不能掉以轻心、置若罔闻。周公旦还说：“天视自我民视，天听自我民听”[①]，提醒统治阶层注意天和民之间的交映感通，眼光不要过度关注“天命”，更要注意民事、民情和民心表现出来的信号，不要重蹈夏商灭亡的覆辙，维护政权的长治久安。

3. 民心、天命和君权是“三位一体”的

周公旦之前的统治者认为天是为国君和国家服务的，国君的权力是天所授予的，国运兴衰主要系于天的旨意。而周公旦把天命与民心直接关联起来，主张天的意志也指向民众的心声，民众的意志是天之意志的集中表现，他们争取生存权利和幸福生活的努力，会通过天命表达出来。对统治者来说，不可以忽视民众的心理动向，不可以忽视平民对稳定国家统治的重要作用。国君需要“敬天保民”，在治理百姓的时候，把上天内含的好生大德发扬出来，如何对待百姓也折射出奉敬上天的态度。这显示了一个朴素的真理，单向地维护天的旨意已经不能满足统治的需要，兼顾民众的意愿才是一个优良的统治者所应该表现出来的政治素养。这既是统治思维的转换，也是权力重心下移的初步尝试，把民众的地位提升到与天相关的高度。周朝统治阶层把天治主义与民治主义结合起来，把国君所代表的国家放置到天与民的中间位置，这勾勒出民本思想的一般框架。

4. 周朝的政治经验是民本思想的现实基础

从民本思想的产生来看，伴随社会发展的政治文明进步，以及人民在朝代更迭过程中的伟大历史作用，统治阶层深刻地意识到，只依靠神圣的天命难以维护现实的政治统治。相对而言，更需要面对社会矛盾的挑战和人民生活的实际需要，

① 冯友兰．三松堂全集（第8卷）[M]．郑州：河南人民出版社，2000．

重视人民的地位和作用，了解他们的心理动态和生活情状，掌握他们的精神动向和利益诉求。只有如此，民众才会顺从国君的统治意愿，被统治者和统治者的想法才有可能达成共识，二者才能维持最低限度的一致，从而维护社会的稳定和统治的延续。周朝的统治经验是民本思想的直接来源，当时著名的政治家和思想家，如文王、武王、姜尚、周公旦和箕子等人不断地论述民众的重要性，不停地呼吁要对民众进行善治，给予他们适当的物质满足和心理满足。可见，民本思想产生的根源是社会现实的集中反映，人民的力量、统治者的省察、朝代更替的经验，是这种思想的三种主要现实来源。

（三）民本思想在历史演变中得以继续深化

民本思想是开放的理论体系，能够适应不同时代的政治发展主题而主动做出自我调适，不断包容和吸纳最新的思想发展成果，从而壮大自己的生命力和现实影响力。从诸子百家争鸣所形成的思想遗产，到现代政治文明中出现的民主伦理，它在不同的历史背景下，吸纳不同的精神资源，以保持思想的活力，以及对政治发展的促进作用。

1. 民本思想在百家争鸣时期的具体分化

民本思想产生于现实的土壤，而思想家在这块土地上的精耕细作又进一步促成了它的深化和体系化。周朝平王把国都由镐京迁到洛邑的历史事件发生时，政治的动乱、社会的分裂和国家的去向问题激发起思想家的广泛思考，百姓凋敝的生活境况更是加深了他们的忧国忧民之情。以此开启的精神自由局面，演化到春秋战国时期，形成了诸子百家争鸣的盛况。各家各派对政治问题纷纷发表见解，皆会涉及如何解决人民的物质生活和精神生活的问题。这加深了对民本问题的理解，并且不同派别的思想家产生了争议，甚至形成对立观点。道家认为小国寡民是一种理想状态，“邻国相望，鸡犬之声相闻，民至老死不相往来”[①]的自然和半封闭格局，可以消解战争的暴虐和人性的欲望，表达了民众对和平的向往，对安宁、富足生活的渴望。墨家认为兼爱、交利、兴天下之利、除天下之害是民众的心声，人人相爱、互利的社会生活是值得为之奋斗的。儒家的民本思想较为丰富，孔子说对百姓要庶之、富之、教之；孟子说制民以恒产，因为有恒产者有恒心。

① 老子．道德经[M]．安伦，译．上海：上海交通大学出版社，2021．

百家争鸣以儒家取得长期的正统地位而落幕，其代表人物从不同角度揭示了民本思想的多重意蕴。

2. 民本思想在当今社会仍有重要的现实价值

经历夏商周政治文明的洗礼，经由诸子百家发扬光大，民本思想的内容变得更加丰富，理论结构也日益完善。秦汉之后，儒家文化被定于一尊，各个时期的代表人物都对民本思想进行了深入阐释。民本思想强调民为国本、为民谋利，以民众的利益为国家强盛和社会进步的价值主体，对于建设开放和共享的现代社会，仍有重要的参照价值。从民生的角度来说，人民生活需求的满足是第一位的，民本自始至终强调为广大人民的日常物质之需提供满足的条件。"仓廪实而知礼节，衣食足而知荣辱"①，物质生活的丰足，对道德水平的提高有正向的促进作用。从民权的角度来说，虽然民本思想没有明确提出权利的概念，不过暗含了保障广大人民的生存权、生命权和发展权的意愿。从民主的角度来说，从生存主体发展为权力主体，二者之间存在一定的距离，可并不存在不可逾越的鸿沟，有向民主思想发展和演变的可能趋势。当今社会善用民本思想，可提高人民的地位，保障人民的权利，促进社会的和谐发展，使古代政治智慧成为建设现代社会的文化资源。

三、诚信思想

诚信是中华民族传统美德中的核心品德之一。它既是中华民族代代相继的处世之道和修业之本，也是衡量人们行为是非善恶的基本标准。古人非常重视诚信，他们认为"诚于内，信于外"是诚信的最高境界，诚信就是对美好品德的践行，哪怕无人知晓、微不足道。所以，克己修身、不欺暗室是诚信；言出必行、直言不讳是诚信；不移不惑、急不相弃是诚信；推心置腹、重情守义等都是诚信。但是，诚信并非自古以来就是一个完整的独立概念。从《周易》《尚书》《老子》《大学》《中庸》等典籍中可以找到诸多关于"诚""信"以及"诚信"的论述，说明"诚""信""诚信"的观念是逐渐完善、不断丰富的。

（一）诚的含义

"诚"，《说文解字》释为"信也"，说明在汉代，"诚"与"信"意义相同。

① 管仲．管子译注[M]．耿振东，译．上海：上海三联书店，2018．

《广雅》将诚释为“敬也”,《增韵》释为“纯也，无伪也，真实也”。《尚书》有云：“鬼神无常享，享于克诚。”① 这条记载源于先民对鬼神的祭祀，体现了天道与人道的关系，意思是鬼神并不接受每一个人的祭祀，只有诚心的祭礼，鬼神才肯接纳。这里的“诚”蕴含着对鬼神虔诚的敬畏心理，虽然有着浓厚的宗教色彩，但已经具备了真诚不欺的基本道德内涵。《周易》有较多关于“诚”的记载，如“闲邪存其诚”，即防止邪恶才能保存真诚；又“修辞立其诚”，发言著论应该坚持真实性。从卦爻辞语境来看，“诚”是殷商时期卜筮文化中巫史应坚持的职业操守，也是修辞过程中应坚持的基本原则。这里的“诚”逐渐脱离宗教神权的色彩，表现出“真实无妄”的人伦道德内涵。思想家和政治家以天道说人道，开始从哲学和伦理学的范畴来阐释“诚”。

“诚”是万物有序运行的规律。古代思想家积极肯定宇宙自然的存在，并把“诚”视为宇宙的根本属性。《中庸》说：“诚者，天之道也；诚之者，人之道也。诚者，不勉而中，不思而得，从容中道，圣人也。”② “诚”可以说是天道的主要特点，人之道在于通过不同的方式求“诚”，最终达到与“诚”相契合的完美境界，这是以天道规范人道。《孟子》亦认同追求“诚”是人之天性，故云：“诚身有道，不明乎善，不诚其身矣。是故诚者，天之道；思诚者，人之道也。”③ 又说“反身而诚，乐莫大焉”，反省自己以达到诚的境界，就是最大的快乐。这样看来，就自然宇宙而言，真实无妄、生生不息是天道的本质特性。而人为宇宙天地所化之物，在遵循天道的前提下才能达到真实无妄的最高境地，实现天人合一，达到圣人的境界。朱子《中庸·或问》中所说“在天固有真实之理，在人当有真实之功”④，是从哲学角度论述天道之诚，强调践行诚信才是“人之道”。

“诚”是道德之本，是人的一种精神状态和境界。古代思想家非常重视个人的道德品质，把“诚”看作是一个人心灵与意志、理性与情感相结合的修习过程。“诚意”是《大学》的“八条目”之一，也是达到“至善”的基本途径。《大学》有云：“古之欲明明德于天下者，先治其国；欲治其国者，先齐其家；欲齐其家者，先修其身；欲修其身者，先正其心；欲正其心者，先诚其意；欲诚其意者，先致其知；

① 苏智恒．礼记·尚书[M]．北京：团结出版社，2018．

② 张南峭．大学·中庸[M]．郑州：河南人民出版社，2019．

③ 孟轲．孟子[M]．杨伯峻，杨逢彬，译．长沙：岳麓书社，2021．

④ 朱熹．朱子语类（第4册）[M]．武汉：崇文书局，2018．

致知在格物。”“意诚而后心正，心正而后身修”[①]“壹是皆以修身为本”，就是把“诚意”视为修身、齐家、治国之根本。而“所谓诚其意者，毋自欺也。如恶恶臭，如好好色，此之谓自谦，故君子必慎其独也。”[②]究其本意，就是强调个人修养。君子为善弃恶，要“毋自欺”，在独处时也要表里如一，保持内心真诚，不存虚妄，无丝毫杂念，这才是真正的“诚其意”。荀子将人达到“天德”之境的过程看作是“诚”内化于人心的过程，认为只有以诚养心，才能拥有至诚之心，进而变化代兴，达到“天德”之境，故有“君子养心莫善于诚。致诚则无它事矣……，诚心守仁则形，形则神，神则能化矣；诚心行义则理，理则明，明则能变矣。变化代兴，谓之天德”[③]之论。这都是在强调“诚”是个人修养的基础。

“至诚”是一种最高的境界，只有至诚的人治理天下，才能达到天下大治。《中庸》云：“唯天下至诚，为能经纶天下之大经，立天下之大本，知天地之化育。”“苟不固聪明圣知达天德者，其孰能知之？”这些虽然是子思对孔子的赞语，但也是在强调“至诚”之人对社会和治理国家的重要性。“至诚如神”“祸福将至：善，必先知之；不善，必先知之”[④]，这是讲至诚的功效。荀子将“诚”由“天德”转化为一般意义上的人道，进一步拓展为治国执政之本，故有“夫诚者，君子之所守也，而政事之本也”之论，从本质上决定了为政者施行布告的出发点以及驱使民众的态度必须是诚信，奠定了以诚为主的古代民本思想之雏形。

可见，“诚”是一个人自我完善的重要部分，在个人塑造品德修养的基础上，进而实现其伦理或政治目标。“诚者自成也，而道自道也。诚者物之终始，不诚无物。是故君子诚之为贵”[⑤]。说明一切事物的存在皆依赖于“诚”。因此，君子应以实现诚为第一要务。一般人先从局部达诚，即“致曲，曲能有诚，诚则形，形则著，著则明，明则动，动则变，变则化，唯天下至诚为能化”，而要达到天人合一、“赞天地之化育”的至诚境界，必须将个人之“诚”与天地之“诚”合而为一，逐步完善。

---

① 邵逝夫．大学释义[M]．北京：北京联合出版有限责任公司，2021．

② 邵逝夫．大学释义[M]．北京：北京联合出版有限责任公司，2020．

③ 荀况．荀子[M]．曹芳，译．沈阳：万卷出版有限责任公司，2020．

④ 邵逝夫．中庸释义[M]．北京：北京联合出版有限责任公司，2021．

⑤ 思履．论语・中庸・大学[M]．南昌：江西美术出版社，2018．

（二）信的含义

“信”，《说文解字》释曰：“诚也。从人，从言。会意。”[①]“人言为信”，是说人的言论应当是诚实的。人言有信有不信，这其实就是要求人们讲信用，说过的话要践行。先秦时期“敬神为信”的天命观，就要求人们对待神灵必须讲信用，有“所谓道，忠于民而信于神也”“牺牲玉帛，弗敢加也，必以信”[②]等记载。先秦时期关于“信”的记载多出现于祭祀、盟誓及缔约之中。《礼记》有云：“约信曰‘誓’，莅牲曰‘盟’。”[③]诸侯订立条约要彼此信守叫作“誓”，在鬼神的见证下歃血订立书面条约叫作“盟”。在当时人们认为受上天和神灵庇佑的盟誓具有遏制失信毁约的作用，可以消除信任危机。一旦出现不守信的行为，不信之人会受到鬼神的惩罚。《诗经》中也有“信誓旦旦”的诚恳之信，“谓予不信，有如皦日”的盟誓之信等，这些对天望日歃血的盟誓都具有鲜明的神秘色彩。

在鬼神见证之外，人与人之间也讲求言而有信。《尚书》有云：“尔无不信，朕不食言。”[④]这句话出自商汤讨伐夏桀的檄文，意思是希望人们能够相信他说的话，自诺守信。《易经》中的“庸言之信，庸行之慎”[⑤]，就是要求人们言而有信、谨言慎行，进而“闲邪存其诚，善世而不伐，德博而化”，能执中守正，而这是一般人很难企及的“君德”。《诗经》中还有“乱之又生，君子信谗”的荒谬之信，《庄子》中所载“尾生抱柱”的故事也体现了人与人间的信守承诺等，这些“信”则具备较强的人伦道德内涵，反映了当时社会中存在失信行为。

从“敬神为信”到“盟誓之信”，再到“言而有信”，“信”的指向范围由祭祀活动扩展到现实中的人与人的交际，概而论之，言论与行为相符就是“信”。儒家将“信”与其核心要义“仁”和“忠”联系起来，与政道融合，成为经世致用的政治道德伦理规范；将“信”和“义”等同于“信守诺言”，认为“信近于义”是人际交往的伦理规范。所以，在儒家思想中，信义是道义、仁义、情义、孝义、侠义、忠义、礼义之基石，与个人的内在修养紧密联系在一起。例如，荀子十分鄙视没有信用的人，并称之为小人，故有“言无常信，行无常贞，唯利所在，无

① 许慎．说文解字精华[M]．秦向前，译．南京：江苏凤凰美术出版社，2018.

② 张南峭．大学·中庸[M]．郑州：河南人民出版社，2019.

③ 苏智恒．礼记·尚书[M]．北京：团结出版社，2018.

④ 苏智恒．礼记·尚书[M]．北京：团结出版社，2018.

⑤ 支旭仲．周易[M]．李兴，李尚儒，译．西安：三秦出版社，2018.

所不倾，若是，则可谓小人矣”之论。诸子也把“信”看作安身、交友、为政的重要原则。与“夫轻诺必寡信”“交游称其信也”“朋友交，言而有信”是存在于人际交往的平等之信，对社会的良好运行有重要支撑作用；“上好信，则民莫不敢不用情”[①]“上信而官不敢为邪”[②]“政令信者强，政令不信者弱”[③]都是强调重视诚信、信守承诺是执政者的法宝，是得民心的法宝，是国之重宝。

第三节　中华文化的国粹与精髓

一、中华文化的国粹

中华文化的国粹，是源自中华大地、源远流长、蕴含于中华文化精髓之中的瑰宝。

（一）《易经》

中华五千年的智慧与文化在《易经》中得到了完美的融合，这部经典被誉为群经之首和大道之源，是我国最古老、最有代表性的经典。它所阐述的宇宙生成论和宇宙观对人类社会生活有着重大影响，在世界哲学史上也占有重要地位。最初的《易经》是由伏羲所创，他还创作了易经八卦图，伏羲所创造的八卦被称为“伏羲八卦”或者“先天八卦”，此后神农创作了《连山易》，轩辕黄帝创作了《归藏易》，直至殷商末年《周易》也随之问世。《易经》中关于宇宙起源和人类社会发展规律的许多思想对后世产生了深远的影响。由此可知，《易经》这一哲学经典乃是由三位伟大的中华民族始祖——伏羲、神农、轩辕黄帝共同缔造的，在漫长的发展过程中，它对人类社会和科学技术都做出了重大的贡献。从公元前十一世纪开始，随着夏朝的建立和夏王朝统治范围的扩大，易学便逐渐形成并发展起来。孔子在春秋时期创作了一部名为《易传》的著作，旨在传承易经思想，春秋时的儒家学派就是以“易”作为其学说基础和理论来源的。在中国古代思想史上，

① 孔丘．论语[M]．杨伯峻，杨逢彬，译．长沙：岳麓书社，2018.

② 商鞅．商君书注译[M]．高亨，译．北京：清华大学出版社，2011.

③ 荀况．荀子[M]．曹芳，译．沈阳：万卷出版有限责任公司，2020.

最早的一部哲学著作是《易经》，它对先秦诸子百家的思想产生了深远的影响，同时也对中国古代的哲学思想产生了重要的影响。《易经》中蕴含着丰富的哲学思想和文化内涵，如天人合一、阴阳学说等，这些思想与传统文化有着千丝万缕的联系。中华文化的根基在于《易经》，同时也是中国哲学的源头所在。

（二）老子的《道德经》

在中国古代春秋末期，有一位杰出的思想家和哲学家，他被誉为道家学派的奠基人，他就是老子，在我国文化史上有着极其重要的地位和影响，被尊为“道学祖师”。老子生活在春秋战国时期，当时社会处于大动荡和大变革之中，各种思想相互激荡，道家思想的源头可以追溯到老子，他的著作《道德经》为其奠定了基础，他所著《道德经》是我国现存最早的一部哲学专著。老子的《道德经》又称《道德真经》或《老子》，共 81 章，它是一部论述自然、社会和思维等方面内容的著作，主要包括道论、政教、认识论及方法论四个部分。中国历史上首部完整的哲学著作——《道德经》，不仅是道家哲学思想的重要渊源，更是其思想体系的重要组成部分。《道德经》中蕴藏着丰富的哲理，内容博大精深，包含许多朴素、辩证的唯物主义观点，反映出先秦时期人们对于自然与社会以及人生等问题所持有的基本看法。老子所倡导的哲学思想和他所创立的道家学派，对我国古代思想文化的演进做出了卓越的贡献，同时也对我国两千多年来的思想文化发展产生了深刻广泛的影响，它所提出的一系列观点、方法、原则等都是我们今天应该借鉴学习的宝贵财富。在中国思想史上，老子的哲学思想具有举足轻重的地位，贯穿了后来整个中国哲学史，更是为后世留下了不可磨灭的印记。《道德经》中所蕴含的哲学思想具有很强的理论性，更有很强的实践性，对于人们认识世界、改造世界都有十分重大的意义。三部思想巨著《道德经》《易经》和《论语》被公认为对中国人的思想产生了深远广泛的影响，尽管《道德经》仅有 5 000 言，然而其中蕴含着十分丰富的哲学思想和辩证法思想，可谓博大精深。《道德经》不仅具有深邃的哲理，还有很多独特的见解，是人类智慧的巅峰之作，是宇宙中最至高无上的智慧之源。《道德经》在我国流传至今有几千年的历史了，它具有非常高的哲学价值和艺术魅力，同时还具有很高的科学文化价值，是一部宝贵的精神财富和智慧财富。

（三）中医

中医指的是由汉族劳动人民创造，以传统医学为主的医学，因此也被称为汉医。中医学蕴含着中药学，自古以来，我国便流传着神农尝百草的传说，所以中药的起源可以追溯到 7 000 年前的神农时代，中药的奠基人则是中华民族伟大的始祖——神农。中医作为一种传统文化，不仅具有很高的实用价值，同时还蕴含着丰富的哲学理念和哲学思想，对人类的健康起到重要作用。《黄帝内经》是中医理论的基石与源头所在，主要阐述的内容包括阴阳五行学说、病因病机、辨证论治等方面。我国现存最早的中医理论专著《黄帝内经》奠定了独特的中医学理论体系，为中医药学的发展提供了理论基础和源泉。《黄帝内经》对祖国医学做出了巨大的贡献，为后世中医药事业奠定了坚实的基础，并产生了深远的影响，同时作为中国古代医学理论的奠基之作，开创了中医理论的先河。在几千年的历史长河中，《黄帝内经》对祖国医学产生了巨大深远的影响，至今仍有很高的实用价值。总的来说，神农与轩辕黄帝是中华民族中药与中医的奠基人。针灸作为中医学的组成部分，由“针”和“灸”组成，主要包括针灸理论、技术以及相关器具，在形成、应用与发展过程中，蕴含着汉民族文化和地域特征，是一项宝贵的文化遗产。针灸学属于传统医学范畴，它以经络系统为基础，并通过各种方法将人体气血运行调节到最佳状态，从而达到防病祛病之目的。针灸是针法与灸法的合称，其中针法指的是将毫针精准地插入特定的穴位，运用捻转和提插等高超的针刺技巧，治疗患者的病症。灸法则是用艾灸方法进行防治，采用特定的穴位熏灼燃烧的艾绒，通过热的刺激治疗疾病，这就是灸法的原理，由于二者不同的作用机理及适应范围而统称为针灸或针药并用。作为中医学遗产的一部分，针灸疗法是一种具有中国特色的治疗疾病的独特方法。

（四）中华衣装（汉服或华服）

在华夏文化中，汉服作为一种服饰，被称为华夏衣冠，代表着中华民族的传统服饰，它以其独特厚重的风格和鲜明的民族特色，成为世界服饰文化中的重要组成部分。汉服作为中国汉族传统的民族服饰之一，被赋予了汉装、华服等多重名称，并以其独特的风格和深厚的文化内涵享誉世界。自三皇五帝时期延续至明代，历经几千年的漫长岁月，华夏民族（汉族）始终坚守着汉服的基本特征，这一时期汉民族所穿的服饰被赋予了汉服的名称。自黄帝垂衣裳治天下之时起，汉服已成为一种基本形式，经历了周朝代的规范和制式，直至汉朝全面完善和普及，汉族人的汉服因此得名。西汉末年至东汉初期，随着社会经济和文化的发展，人们的生活水平逐渐提高，对服装款式及面料等要求也越来越高，汉服改革应运而生。尽管各朝代的汉服在某些方面有所变化，但它们的主要特征均延续了汉代的传统。汉服作为一种华美的服饰，将汉族人高雅内敛、神采奕奕以及美丽端庄的气质淋漓尽致地展现出来。

（五）丝绸技术

中华民族的伟大始祖轩辕黄帝的妻子嫘祖，是最早发明了养蚕缫丝织绸的人。在5 000多年前，嫘祖以她的勤劳、智慧，创造了养蚕缫丝织绸技术。嫘祖作为中华第一夫人，与外黄帝并列为“人文初祖”，因此嫘祖也被誉为具有人文精神的女性先驱，她不仅给我们留下了灿烂的文化，还对我国人民产生了巨大影响。嫘祖以卓越的贡献为人类文明注入了新的活力，被后人尊称为“先蚕”，同时嫘祖教民养蚕缫丝，立下光照千秋之功，因此也有“蚕母娘娘”之称。嫘祖开启了一段享誉全球的丝绸文明，为天下带来了恩泽，她在韩国、朝鲜和东南亚诸国的盛大仪式中受到了庄严的祭祀。西方国家对中国的认知始于对丝绸的了解，因此最早将中国称为“赛里斯国”，也就是丝绸之国。嫘祖所发明的种桑养蚕缫丝织绸技术，堪称中国四大发明之前的中国最伟大的创新。丝绸是人类最伟大和最美的发明之一。

（六）茶文化

我国是第一个探索并发现茶树，同时将其应用于农业的国家。在漫长的岁月里，我国劳动人民用自己勤劳智慧的双手培育了无数优良茶树品种，创造了丰富多彩的茶文化，为人类做出了不可磨灭的贡献。中华大地孕育了世界各地的茶叶文化，我国作为世界茶叶的发源地，这一点已经得到了全球的认可。在这一历史发展过程中，茶文化也得到了丰富与完善。茶作为中华民族的国饮，与人们生活息息相关，在我国历史上起了十分重要的作用。我国自古便有饮茶、种茶、制茶之风，这一传统源远流长。早在远古时代，我们的祖先就开始利用植物来制造药物和饮料了，《神农本草经》中“神农尝百草，日遇七十二毒，得茶而解之”[①]是世界上最早关于茶叶药用价值的文献记载，由此可证明茶叶可以追溯到 7 000 年前的神农时代，并且当时人们已经发现了茶叶的神奇功效。所以，我国茶文化的源头可以追溯到中华民族伟大的始祖——神农氏，他开始种植茶树，也创制出一种能够治病的药物——神农丹。神农乃中国茶叶之祖，不仅如此，更是全球茶叶之祖。茶叶作为一种自然、健康的饮品，蕴含着深厚的文化底蕴。茶与我们生活息息相关，它是一种饮品，更是人类的精神寄托和精神食粮。茶叶因蕴含健康、自然、文化、文明和时尚元素，备受全球人民的青睐。

（七）瓷器的制作技艺

中华大地孕育了无数精美的瓷器，这是中华民族伟大的发明和创造。瓷器作为中国古代文明的一种象征，承载着中华民族博大精深的文化底蕴，是珍贵的文化遗产。我国所发明的瓷器，代表着中华民族对于全球文明的卓越贡献。瓷器是我国古代劳动人民，在长期生产生活实践中不断摸索、总结出来的一种独特的工艺方法，它具有非常高的使用价值，还具备很高的审美价值和观赏价值。我国被誉为瓷器之国，精湛的瓷器工艺深受全球人民的喜爱。中华大地孕育了无数的精美瓷器，被誉为瓷器文化的发源地。我国的瓷器制造技艺在全球范围内广泛传播，为中外文化交流做出了卓越的贡献，同时也因杰出的表现被誉为“世界瓷国”。

（八）中国古典诗词

中国古代文学艺术的精髓，蕴含在中国古典诗词之中，如同中华文化长河中的一颗璀璨明珠。我国是诗词王国，我国的诗词历史悠久、源远流长，从《诗经》《楚辞》到汉乐府，再到唐诗、宋词以及元人小令，已有近 3 000 年的历史。3 000 年来，我国诗词以其丰富的内涵、清丽的神韵、优美的语言和铿锵的音调，影响着一代又一代人。诗词为人类情感的抒发提供了一种表达方式。诗词中的人物情态与情境是诗词表现出来的主要特征之一，它能让读者体会到作者所表达的思想感情和艺术感染力。诗词以社会风貌、吊古怀今等为主题，生动形象地将事物的真实面貌刻画出来。诗词之所以具有魅力，是因为它能够随着时间的流逝和岁月的更替，始终在人们的精神世界中闪耀着浓郁的诗意。古典诗词之美，超越

---

① 杨建宇，高铸烨，李瑞祺．神农本草经 [M]．郑州：中原农民出版社，2022.

了时间和空间的限制，展现出一种超越时空的神韵，即便身处当今之世，跨越千年，品读这些经过精心雕琢的诗词，仍能深刻感受到古人所表达的情感，唤起每个人内心无限的诗意。诗词被称作中国古代最优美的文字是当之无愧的，它以最精练的文字直达人心底。时而婉约到极处，时而又豪放到极处，细细品味间，让人沉醉心迷。

（九）书法与国画

汉字是中华民族繁衍与发展的产物，为中华文明与中华文化的有效保存与传承做出了不可磨灭的贡献，其不朽的功绩在历史长河中熠熠生辉。它不仅在古代就被人们广泛地运用于政治、经济、军事、文化等方面，还成为我国历史上灿烂文化遗产中的一颗璀璨明珠。在我国的传统艺术中，书法是一门独具特色的艺术形式，它是由我国最早创造并应用于生产生活中的一项技术。汉字在漫长的历史长河中，从最初的图画记事逐渐演化为今天的文字，成为中华文化的重要组成部分，它是我国古代劳动人民在长期生产生活中积累起来的宝贵文化遗产，也是世界上独一无二的民族文化瑰宝之一。由于祖先发明了使用毛笔书写的技艺，因此书法作为汉字的书写艺术得以诞生。我国的书法艺术涵盖了五种基本书体，包括篆书、隶书、楷书、行书以及草书，其中隶书和楷书都属于字体范畴，行书则是书法家对书法艺术最广泛的应用形式之一。在漫长的历史长河中，汉字在思想交流、文化继承等方面扮演着重要的社会角色，同时也孕育了一种独特的造型艺术，它所表现出来的造型美和形式语言之美，对后世影响深远。中国书法是中华民族珍贵的文化遗产，更是在全球文化艺术宝库中独树一帜的艺术表现。书法之所以能够成为一门独立的艺术形式，根本原因在于书法艺术所具有的审美价值和欣赏功能。在中国的历史长河中，涌现出了众多杰出的书法家，如东晋时期的王羲之，其被后人誉为“书圣”，他一生博览群书，精通多种技艺，具有非凡的智慧和卓越的才能，同时书法艺术也达到了很高的水平。千古流传的《兰亭序》是王羲之所作，书法之精湛，使王羲之声名远扬，他以雄健豪放、飘逸潇洒的笔致和奇崛奔放、刚柔相济的章法闻名于世，所以《兰亭序》被公认为“天下第一行书”。

国画在中国汉族的传统绘画形式中，是一种不可或缺的艺术表现形式。在漫长的发展过程中，它与西方油画、雕塑等艺术样式有着密切的联系。中国画是以毛笔蘸取清水、墨汁和彩料，在丝绸或纸张上作画的一种艺术形式，我们通常将其称为国画。国画作为一种独特的艺术形式，采用毛笔、墨、国画颜料、宣纸、绢等多种材料和工具，题材包括人物、山水、花鸟等，技法则可根据需要进行分工笔和写意，核心精神则在于笔墨。

（十）古琴与民族音乐

我国最古老的弹拨乐器之一，古琴（瑶琴、玉琴、七弦琴的）历经岁月沧桑，仍然闪耀着独特的光芒。古琴以声清柔婉著称，音色柔和典雅，古韵悠长，具有独特的艺术魅力。自孔子时代起，古琴已成为一种广泛使用的乐器，悠久的文字历史可追溯至4 000余年前，据《史记》记载，琴的出现时间不晚于尧舜时期。我国的古琴文化源远流长，早在古代就有“伏羲作琴”“神农作琴”等诸多创作。早在春秋时期，我国就已经开始制作琴弓和琴弦了，但当时没有真正意义上的琴具。最初，古琴仅由五根弦组成，内合五行之金、木、水、火、土，外合五音之宫、商、角、徵、羽。周文王后来增添了一根琴弦，从而形成了文弦；武王伐纣的时候，加弦一根，即武弦。又因武、文两根弦的音高不同，故称“阴阳二弦”，即琴名“六律”中的第一律和次律。

琴、棋、书、画在我国古代，一直被视为文人雅士修身养性的必修艺术，为他们提供了一种独特的审美体验和文化传承，皆有深厚的文化内涵与艺术价值。古琴之美在于所蕴含的清新、和谐、淡雅、雅致的音乐气质，这种气质使其成为文人高贵、超凡脱俗的处世之道，在音乐、棋术、书法、绘画等领域中居于至高无上的地位。琴乐是文人士大夫生活的重要组成部分，吹箫抚琴，吟诗作画，对酒当歌，这些都是文人士大夫人生的真实写照。在春秋时期，孔子对弹奏琴弦情有独钟；伯牙与子期在高山流水中寻觅知音，故事流传千古，成为人们津津乐道的佳话。可见，古琴是一种古老而神奇的乐器，同时也是优雅的乐器代表之一。

（十一）围棋、中国象棋

围棋作为一项源远流长的智力竞技活动，源自中国，是中华民族的杰出发明之一。围棋是一种高雅的艺术形式，也是一种很好的智力活动手段。尧帝作为中国“五帝”之一，发明了围棋，这项运动已经流传了4 000多年，它最初只是用来娱乐，随着人类社会的发展和科学技术的进步，逐渐成为一项重要的竞技项目，并在现代竞技中占有一席之地。围棋最初被冠以“弈”或“棋”之名，随着时间的推移，一些人开始意识到黑白双方在下棋时经常相互攻击、互相包围，因此将其称为“围棋”。围棋属“中国古代四大艺术”（琴棋书画）的“四艺”之一，其中棋指的就是围棋。在我国古代有许多文人士大夫都喜爱围棋，他们不仅把它当作一种娱乐消遣工具，还把围棋当作一门学问来学习研究。围棋起源于春秋战国时期的百家争鸣，当时的围棋是在棋子上做文章，一直到在南北朝时期，围棋棋盘已经发展成为 19 种不同的棋类，并且出现了九品制，用于评估棋手的水平。唐朝时，在宫廷内设立专门负责围棋技艺的机构——棋院和围棋学校，并制定了一系列严格的规定和规则，甚至出现了一种被称为“棋待诏”的官职，其职责是等待诏命。在我国古代知识阶层的修身养性中，围棋已逐渐成为一门必修课目。在公元 7 世纪，中国围棋传入日本，并迅速传播开来。从《礼记》中记载的先秦时期开始，围棋已成为贵族阶层生活的一部分，并且一直流传到现在。围棋作为我国古代文化中备受推崇的一项娱乐竞技活动，同时也是人类历史上最为悠久的棋戏之一。围棋起源于古代的军事博弈之中，后来又与政治、经济等相结合，形成一门专门研究战略和谋略的学科。因围棋将科学、艺术以及竞技三者有机地融为一体，具备发展智力、培养意志品质以及机动灵活的战略战术思想意识的特质，所以数千年来，它一直保持着长盛不衰的状态，并且演变成为一项具有国际影响力的文化竞技活动。围棋的规则虽不复杂，却蕴含着广袤的落子空间，因此比起中国象棋更加错综复杂，变幻无常。围棋不仅能提高人的智慧水平，还有助于人们在日常生活中磨炼意志，陶冶性情。围棋之所以引人入胜，是因为它所散发的独特魅力。围棋是在有限的场地上进行对弈，棋子又都是一次性使用，下一盘围棋的时限并无明确规定，快则为 5 分钟，慢则为数天，多数情况下，下一盘围棋需要 1～2 小时的时间。围棋中最重要的是棋子和棋盘之间的距离，这种“间距”又与人的思维活动有着密切的联系。围棋对于人类智力的开发有着显著的作用，它能够提升个体的记忆力、计算能力等，同时也可以增强个体对注意力的掌控能力。由此可知，围棋作为一项高度复杂的智力竞技，蕴含着深刻的智慧和技巧。在人类漫长的历史中，围棋曾创造出了辉煌的业绩，为世界文明做出巨大的贡献。围棋作为中国古代哲学思想的杰出代表，是中国人智慧的结晶，古人把围棋看作是一种智慧和力量，并认为它是一门高深的学问。令人感到神奇的是，中国的围棋不仅遵循现代科学的原理和自然规律，更是人类智慧和创造力的结晶。围棋的特点是“以少胜多”，这一点和现代物理学很相似。围棋的规则在所有棋类中看似简单，棋谱却是错综复杂、千姿百态的。在我国古代，围棋所蕴含的智慧和奥妙是中华民族先人的结晶，是一项十分卓越的创新。

中国象棋已有 3 000 余年的历史，是二人对抗性游戏。它起源于汉代，发展到明清时期达到了高峰，并逐步演变成今天的形式和风格，因其简便易用、富有趣味性，已成为广泛流行的棋艺活动之一，是我国正式推出的 78 项体育项目之一。象棋具有鲜明的民族特色，深受人们的喜爱。在我国古代，象棋曾被视为士大夫修身养性的一项技艺，如今则被视为一种有益于身心健康的活动，吸引了数以亿计的热爱者。象棋作为一项传统体育项目，具有很高的观赏价值与健身价值，是一项富有文化内涵的活动，更是一种能够激发智力、启迪思维、培养辩证分析能力和顽强意志的艺术。在中国象棋中，两位棋手轮流走子，以“将死”或“困毙”对方将（帅）为胜的一种棋，是二人对抗性游戏的一种类运动。在对局过程中，红棋一方率先离开，双方轮流施展各自的一招，直到分出胜负，对局才算结束。对局是围棋活动过程中一种特殊形式的思维方法。人们在棋战中能够通过观察虚与实、攻与防等错综复杂的关系变化，从而提升自身的思维能力。中国象棋历史悠久，它难易适中，基本规则简明易懂，男女老少皆宜，变化丰富细腻，棋盘棋子文字都体现了中华文化。中国象棋不仅在国内广受欢迎，在海外也有着广泛的传播。

（十二）文房四宝

在我国古代，所谓的“文房四宝”一般指的是四种工具，分别是笔、墨、纸和砚。书房作为一个人学习、工作和生活的重要场所，它可以使人们的身心得到放松，还能给人们带来精神上的愉悦。在文人书房中，笔、墨、纸、砚这四种基本用具是必不可少的四件珍品，它们为书房增添了无限的文化魅力。在文房四宝之中，湖笔、徽墨、宣纸以及端砚，是最为著名、品质最为卓越的文房四大宝物。因此，“文房四宝”一词亦可特指湖笔、徽墨、宣纸、端砚，这些珍贵的文化遗产在书法艺术中扮演着不可或缺的角色。

湖州是湖笔的故乡。湖州市坐落于浙江省最北端，紧邻太湖南岸，自古以来便是毛笔制作的佼佼者。自元朝迄今，湖州所产毛笔乃天下之冠，无出其右者。自那时起，湖笔与徽墨、宣纸、端砚三种珍贵的文房四宝齐名，共同构成了文化艺术的瑰宝。湖笔是毛笔中的佼佼者，以精湛的制作工艺和卓越的品质享誉海内外，已成为毛笔文化的代表之一。

徽州是徽墨的故乡，制造中心位于安徽省宣城市绩溪县、安徽省黄山市歙县和安徽省黄山市屯溪区，这三个地方也是徽墨的所在地。从明朝开始就有了手工制作的传统，到清朝时期已经形成一个庞大复杂的生产系统和产业体系，特别是在绩溪县，徽墨的制造业蓬勃发展，成为当地经济的重要支柱。徽墨之所以在中国制墨史上占据重要地位，是因为独特的工艺、多样的流派品种以及丰富的科技内涵，使它成为一种独具特色的艺术形式。徽墨以悠久历史、精湛工艺和深厚底蕴闻名于世。墨的发明，为我国乃至全球文明的进步作出了重要的贡献。在我国的制墨技艺中，徽墨可谓是一朵异彩纷呈的瑰宝。宣纸的起源可以追溯到安徽省宣城市泾县，这里气候温和湿润、雨量充沛、土壤肥沃，盛产优质的黄壤和红壤，适于造纸。宣州曾统辖泾县，因此泾县所出产的纸张被称为“宣纸”。宣纸之所以被誉为“纸寿千年”，是因为具有易于保存、经久耐用等卓越特性。宣纸的制作离不开生长在安徽宣州一带的青檀树树皮，因为青檀树皮所含纤维洁白细腻，所以所制宣纸呈现出洁白无瑕的质感，是一种用手工制作的书写用纸，以天然植物纤维为主要原料制成的优质纸张。与此同时，宣纸之所以备受推崇，是因为具有卓越的韧性和润湿性，洁白稠密、纹理纯净、搓折无损等特点，以及独特的渗透和润滑性能。它可以书写也可绘画，书写时能展现骨神之美，绘画时能呈现出独特的风采，成为最能体现中国艺术风格的书画纸。此外，宣纸耐老化、不变色、少虫蛀、寿命长，更是被誉为“纸中之王”“千年寿纸”。泾县是宣纸生产的中心，宣纸的制作过程包括 18 道工序和 100 多个操作过程，其中以皖南山区特产的青檀树皮为主要原料，辅以少量稻草，经过长时间的浸泡、灰腌等多个环节，历时一年多，才可以生产出高品质的宣纸，因而除了具有一般纸张的特点之外，其还具备书写、印刷、收藏等多种用途，被称为世界四大名纸之一。中国古代文人在书法、绘画时，离不开宣纸这一珍贵的文化工具，它承载着深厚的文化底蕴。中华文明源远流长，其中蕴含着古人对于文字和文化的崇敬之情，同时也表现出了对于宣纸的珍视。

端砚、歙砚、洮砚、澄泥砚，这四种中国著名的砚台均为砚台中的佼佼者。端砚，乃广东省肇庆市所出产之珍品。端石是我国古代南方著名的一种天然大理石矿床，其质地坚硬细腻，纹理美观而富有弹性，素有“石中之王”之美誉。唐代时期，广东肇庆被设立为端州，因此所出产的砚被赋予了“端砚”的美誉，它是我国历史上著名的五大名砚之一。歙砚，与端砚齐名，同为一方珍贵之物，它是我国古代劳动人民创造的名砚类中独具一格的一种。因砚材源自洮河，洮河在古代洮州发源，因此得名“洮河石砚”，简称“洮砚”，洮砚以其温润细腻、光润如镜、纹理清晰、雕刻精美著称。洮砚的产地位于甘肃省甘南藏族自治州卓尼县、临潭县和岷县的周边地区，它是以优质泥为原料制作的。澄泥砚，是以特殊的胶泥为原料，经过高温烧制成的，因此制作所需的材料并非石材，而是由黏土制成。实际上，澄泥砚乃是一种以泥土为原料烧制成的陶瓷器物，独特之处在于与前三种砚有着明显的区别。在我国古代，除瓷器之外，没有其他任何器物可用泥来制作砚台了。澄泥砚乃是最早在山西绛州（今山西省新绛县）所产之砚。

中国的文房四宝就某种程度来说是中国人伟大的创造和发明，在中华民族的发展、中华文化的传承、传播和保存中发挥了十分重要的作用。

（十三）道教

在中国的本土信仰中，道教作为一种独特的宗教，深扎根于人们的心灵深处，在我国有着悠久的历史和丰富的文化底蕴。道教诞生于东汉时期，与本土文化相互交融，形成了中国特色，对中华文化的多个方面产生了深远的影响。在漫长曲折的发展历程中，道教形成了自己独特的理论和方法体系。张道陵是创立道教的奠基人，他生于东汉末年，是我国古代伟大的思想家、政治家和军事家。张道陵，作为西汉开国功臣张良的第八代后裔，他自幼熟读经书，精通儒、释、道三家经典，博览群书，开创了“正一道”，这是道教门派之一，所以也被尊称为“张天师”。

（十四）中国建筑、中国园林、客家民居

在世界建筑史上，中国建筑被归为一大类别，根据地域划分，东方系包括中国、日本、韩国和中南半岛，西方系则以欧美为代表，此外还有回教和苏联等其他体系。

中华的园林文化，历史悠久、深厚。随着人类社会文明的进步，园林在我国已形成一个庞大复杂的体系。园林是人们用自己的双手创造出令人陶醉的自然景观，为游览娱乐提供了一种独特的艺术体验。园林的风格因各民族、各地区人们对风景的独特理解和偏好，各不相同，呈现出多样化的风貌，它们都有各自的美学特点，并以悠久的历史、丰富的文化内涵闻名于世。总的来说，世界上的园林可以被归纳为三个系统，分别是欧洲园林、西亚园林以及中国园林。我国园林之所以独树一帜，是因为它融合了多种艺术元素，如传统建筑、书画等，形成了一种宛自天开的艺术原则，这种综合特性使中国园林在世界园林史上享有非常高的地位。

客家民居坐落于闽西南和粤东北的崇山峻岭之中，错落有致地点缀着成千上万座圆形围屋或土楼，是我国南方建筑的重要组成部分，更是中华古代民居的瑰宝，具有历史悠久、风格独特等特点，在世界民居建筑艺术之林独树一帜。客家民居之所以具有群居特点和建造特色，是因为历史渊源深厚，与种姓聚族的生活方式密不可分。每到一处，客家人总会在一个共同的居住地安家落户，为了方便家族成员的生活，他们又经常将自己所生养的子孙也集中到同一村落居住，并把一些房屋建在同一个村里面。由于客家人居住于偏远的山区或深山密林之中，当时建筑材料匮乏，且为避免豺狼虎豹、盗贼的侵扰，客家人兴建了一座具有抵御性的城堡式建筑住宅。

（十五）中国功夫（武术、太极拳、气功）

中国传统的体育项目之一即为武术，涵盖了打拳与使用兵器的技艺，它既是一项民族体育运动，也是一门艺术。武术是一门涵盖了多种动作，并且按照一定规则组合成的徒手格斗与器械攻防格斗技巧。武术以技击为主要目的，并带有明显的斗争色彩。在中华大地上，汉族武术源远流长，可追溯至商周时代，春秋战国时已形成完整的体系。武术作为一项珍贵的文化遗产，是中国汉民族优秀文化遗产之一。

太极拳作为中国武术之一，归属于内家拳的范畴之中，由于它在练习时具有独特风格及健身价值，深受大众喜爱。在 1949 年之后，国家体委（今国家体育总局）对太极拳进行了全面的改编，将其用于提升身体素质的体操运动、表演等方面。太极拳在我国有着悠久的历史和深厚的群众基础，尤其是在 1978 年改革开放之后，人们将其进行了更加细致的划分，主要包括体操运动用的太极操与太极推手、比武用的太极拳。太极拳的传统流派繁多，其中包括陈、杨、吴、武、孙、赵堡、武当等流派，各派既有传承关系，相互借鉴，也各有自己的特点，呈百花齐放之态。由于太极拳是近代形成的拳种，流派众多，群众基础广泛，所以展现出了非常强的生命力。

气功是通过调整呼吸、身体活动与意识，达到强身健体、预防疾病、延年益寿的身心锻炼方式，它既能修身养性，又能养精养神，对人体有着良好的调节作用。气功的种类有很多，涵盖了动功和静功两个主要方面。前者又叫“行功”，它包括练功姿势及功法两大部分内容，是一种以身体活动为核心的气功，如导引派强调肢体操作和意气相结合的特点；后者是一种仅通过自我控制意识和呼吸来实现的气功，特点是身体静止不动。由于不同民族对宇宙人生有各自独特的理解和看法，所以虽然在练功时通常采取不同的功法，但是大多数气功技巧都以动态和静态相互交替的方式进行。气功经常与武术或静坐相结合，共同训练。气功与针灸有许多相似之处，中医治疗针灸的方法之一，是通过气功练习来提高治疗效果。

（十六）戏曲

中国戏曲包含很多种类和丰富的内容。以下以京剧和昆剧为代表简要介绍。

京剧是中国传统文化的结晶，更是北京这座城市对中华文明所做的最重要的贡献之一。京剧被列入非遗名录，说明它的文化价值与内涵，在世界范围内得到了充分的肯定。京剧唱腔优美，抑扬顿挫，角色众多，有生、旦、净、丑四种角色。京剧是融唱、念、做、打为一体的戏剧表演形式，在 19 世纪中期，京剧这一融合了中国南北方戏剧元素的艺术形式，并且在北京得以成熟发展，随后广泛传播于全国各地，成为民间文化的重要组成部分。作为一种综合性艺术形式，它不仅是戏曲舞台表演艺术的重要组成部分，也为其他艺术提供借鉴和参考。京剧是中国传统社会中的一种戏剧形式，保留了被广泛认可的国家文化遗产要素。京剧所蕴含的丰富文化内涵与精神价值，具有为民族精神的振奋和弘扬、民族价值观念的再造以及民族文化的复兴等，提供丰富营养与资源的潜力。

昆剧作为一种源远流长的戏曲声腔和剧种，起源于江苏昆山地区，其别名为昆曲，原名昆山腔或简称昆腔。自元朝晚期起，昆剧便开始了其漫长的历史，它以优美动听的唱腔和细腻感人的表演著称。昆剧作为我国传统戏曲中古老的剧种之一，承载着我国传统文化艺术的精髓，尤其是在戏曲艺术领域中，价值更是不可估量。昆剧具有独特的唱腔风格及表演特点，深受人民群众的喜爱。在元末明初之际，江苏昆山一带便已孕育出昆剧这一传统艺术形式。就语言方面而言，昆剧曾被划分为南曲和北曲两个部分，南昆以白话为主，北昆则以大都韵白和京白为主要语言。明清时期的曲家对昆腔做了重大改进，南北曲合流成为主流，使之更加适合人们的口味。昆曲以优美的行腔和缠绵婉转、柔曼悠远的艺术风格著称。在演唱技巧方面，注重声音的精准掌控，节奏速度的快慢变化以及发音的精准运用，同时在场面伴奏乐曲方面也做到了一应俱全。昆剧音乐与其他剧种相比具有明显的特色，昆剧所呈现的唱腔，以委婉细腻、新丽流畅之姿，令人陶醉，被誉为“水磨腔”。昆剧艺术已经形成了一套相当完整的体系，这一体系在中国戏曲中长时间占据着独尊地位，对整个戏曲的发展产生了深远的影响，很多地方戏都在不同程度上汲取和参考了昆腔戏的艺术精髓，甚至有的还保留了一部分昆腔戏。昆剧艺术对京剧、湘剧等多个地方剧种产生了影响，并且得到了广泛的传承和发展，所以昆剧艺术又被誉为“百戏之祖、百戏之师”，同时也被誉为“中国戏曲之母”。昆剧以独特的表演风格及精湛的技艺深受广大观众的喜爱，并成为中华优秀传统文化之一。昆剧作为中华文化的珍贵遗产，闪耀着独特的文化魅力。

（十七）中国烹饪、中国节日饮食文化

中国烹饪是涵盖中国各地区、各民族各类佳肴的综合称呼，它以烹调原料为主要内容，包括汤、炒、蒸、煮等方法。作为中国烹饪数千年发展的结晶，源远流长的历史、精湛的技艺、丰富的品类、多样的流派以及独特的风格，使中国烹饪在全球享有非常高的声望。

在中国的传统饮食文化中，春节时品尝饺子，元宵节时享用元宵，端午节时品尝粽子，等等。

（十八）中国古典文学名著

在中国文学史上，中国古典文学名著是一颗璀璨的明珠，闪耀着卓越的光芒，是世界文学宝库中的一颗璀璨明珠。思想内容博大精深，语言优美流畅，意境深远含蓄，为后人留下了宝贵的精神财富。中国古典文学名著以多种文体为表现形

式，如词、赋等，同时这些文体中又运用了多种多样的艺术表现手法，使得中国古典文学呈现出丰富多彩和壮丽辉煌的景象，小说有《搜神记》（干宝）、《西游记》（吴承恩）、《三国演义》（罗贯中）、《水浒传》（施耐庵）、《红楼梦》（《石头记》，曹雪芹、高鹗）、《聊斋志异》（蒲松龄）等，百家经典有《老子》《墨子》《庄子》《荀子》等。

（十九）对联、灯谜、曲水流觞

对联起源桃符，又称作楹联，是一种对偶文学。对联可分为诗对联和散对联，以及严格区分大小词类之间的相对关系。在古代对联中，以诗联为主，对句和对偶则是其重要组成部分。对于传统的对联小类而言，对仗之美远胜于所谓的诗对联，使其更加工整。在唐代以前，散文对联是一种独立形式的诗歌文体，随着唐朝诗歌对联的盛行，散文对联逐渐被边缘化，被称为非主流对联。非主流对联指的是一种不受平仄限制、不避重字、不过分强调词性相当、同时不失对仗的对联。现代意义上的对联，是以诗为基础发展起来的一种文体，它既不属于词也不是古文。

在宋朝之后，出现了一项名为“灯谜”的活动，并且成为一项备受瞩目的文化活动。当时，人们都要做一些游戏来庆祝节日，其中最常见的就是猜谜语了。在南宋时期，每逢元宵佳节，首都临安都会举办制谜活动，吸引了大批猜谜之人。最初，有的人将谜语记录在纸条上，然后将纸条粘贴在五彩缤纷的彩灯上，以供人们猜测，后来逐渐发展成一种娱乐形式，即在灯盏里放一些谜语或谜面。谜语具有启迪智慧、激发兴趣的特性，因此在传播过程中备受社会各界的青睐和欢迎。

在中国古代，流传着一种名为“曲水流觞”的娱乐活动。在夏历的三月，人们举行了一场祓禊仪式，众人端坐于河渠两侧，于上游放置酒杯，随着河水顺流，最终停留在特定的人面前，此时人们需要即兴赋诗并取杯饮酒。这款游戏名为“曲水流觞”这一游戏有着十分悠久的历史，可以追溯到数千年前。

（二十）中国结、剪纸、刺绣、黎族织锦

中国结展现了中华古老文明的智慧和情致，彰显着其深厚的历史底蕴。从旧石器时代的缝衣打结到汉朝的仪礼记事，再到今天的装饰手艺，这一技艺的演变历程可谓是源远流长。从殷商时期起，就开始使用绳结，到了夏商周时代，已经发展成一种固定在服饰或装饰品上的纹样，并逐渐形成一套系统完整的造型和制

作工艺。在周朝，人们经常佩戴中国结作为装饰品，在战国时期的铜器上也可以看到中国结的图案，这一传统一直延续至清朝，最终成为民间流传的艺术形式。在现代社会中，人们更倾向于将中国结用于装饰室内环境，赠送礼物给亲友，以及佩戴个人的装饰品。它是一种用手工制作的结绳来连接两个或多个物体，并在两端互相缠绕起来的装饰品。中国结之所以得名，是因为它的外观呈现出一种对称精致的美感，完美地展现了中华民族悠久的历史和符合中国传统装饰习俗和审美观念的特点。

剪纸是我国民间传统手工艺术之一，至今已有 1 500 余年的历史，不仅具有丰富的造型美和艺术美，还有深厚的文化内涵。剪纸是一门源远流长的民间艺术，历经千百年的沉淀与传承，深地扎根于人们的心灵深处，是我国珍贵的文化遗产。随着现代社会经济文化水平的不断提高，剪纸也得到了新的传承与发展。剪纸艺术作为一件珍贵的民间艺术瑰宝，至今仍在绽放着绚烂的光芒，令人叹为观止。我国早在西汉和东汉时期就发明了造纸术，此后便开始了剪纸的发展历程。剪纸是我国广泛流传且深受民众喜爱的民间艺术形式，以浓郁的民族特色著称。剪纸主要以动物、植物、人物等作为题材进行创作。剪纸也称窗花，在我国的新春佳节，人们喜欢在窗户上贴上各种手工制作的窗花，以增添节日的喜庆氛围，窗花以独特的造型、丰富的色彩和精美的图案，成为春节期间一道亮丽的风景，为节日增添了喜庆的氛围，也为人们带来了一份美好的情感体验。剪纸是一门综合性艺术，它包括剪纸工艺、图案造型和色彩运用等诸多方面，其中尤以构图最为重要，它是决定作品成功与否的关键之一。剪纸融合了装饰性、艺术性等多重元素，是一种高度综合性的艺术品。

绣制于织物之上的各式装饰图案，被统称为刺绣，它包括了所有能用天然材料制成的绣法和针法，也可以说是一种技艺与文化的结合。刺绣作为一项源远流长的民间传统手工艺术，有着悠久的历史。刺绣织物以丝绸、丝线为主，由于刺绣具有独特的艺术风格，深受人们的喜爱。在中华传统刺绣工艺中，常将产自江苏省的“苏绣”、湖南省的“湘绣”、广东省的“粤绣”以及四川省的“蜀绣”合称为“中国四大绣品”。刺绣作为我国传统手工艺中最具有特色的一种文化表现形式，以独特的造型，丰富的表现手法和强烈的民族个性闻名于世。在秦汉时期，我国的刺绣工艺已经达到了相当高的水平，成为历史上丝绸之路上的重要商品之一。从明清到民国时期，随着经济文化的发展，刺绣技术得到了长足的进步，并逐渐形成了一个独立的行业——绣品业。江苏的苏绣、湖南的湘绣、广东的粤绣、四川的蜀绣，以及河南开封的汴绣和浙江杭州的杭绣等，都是中国刺绣艺术的杰出代表，这些绣品具有鲜明的特色和较高的艺术价值，也是我国工艺美术中的瑰宝。

海南岛黎族的民间织锦，素有“黎锦”之称，是一种瑰丽的织锦艺术，它是用各种纤维织成的一种布帛制品，有提花和手绘两种样式，图案以动物为主，如孔雀，凤凰等。黎族织锦黎锦是我国最早的棉纺织品，具有 3 000 多年的历史。早在新石器时代早期，就有人类利用天然植物纤维纺织产品和制作装饰品，到商周时代已经出现了以竹片为原料织造的手工织品。在春秋战国时期，黎锦因卓越的品质被载入史册，被誉为“吉贝布”，在黎语中“吉贝”则有木棉的含义。黎族祖先在海南岛的土地上发现了木棉的神奇之处，他们用木棉纺织织布，展现出了他们的技艺，他们把木纤维编成布匹后再缝成衣服，这种布料叫“黎锦袍”，后来又发展到用布织成各种不同形状的服饰。黎族人民根据自己的生活需要，把这种天然纤维织成各种颜色的布匹，然后再进行染色加工，使之成为色彩绚丽、富有民族特色的工艺品。黎锦以棉线为主体，辅以麻线、丝线和金银线相互交织，形成了独特的图案。黎族织锦工艺分为纺、织、染、绣四大类，每一种都呈现出精细、轻软、洁白、耐用的特点，黎锦光彩熠熠，犹如一朵绚丽的云彩，这是古人对黎族织锦工艺的真挚赞美。黎锦是我国传统民间手工艺之一，有着独特的文化魅力。黎族织锦（黎锦）是我国最早的棉纺织品，被誉为中国纺织史上的“活化石”，其纺织技艺在中原地区领先了 1 000 多年。它与汉族传统手工织布相比，不仅花型更多、花样更美，而且图案更加丰富，纹样也更具民族特色和地域特色，为我国民族民间工艺美术增添了色彩。

二、中华文化的精髓

中华文明是世界上唯一流传不息的古老文明。中国与其他古老帝国一样，由原始部落不断地和其他部落联合，再扩张成为一个大规模的国家。在中华文明的发展史中，当然也曾受到外族的入侵或统治，然而入侵者总是迅速地被同化、被融合，这也说明了中华文化博大精深的特点。实际上，中华民族是中国全族及华夏民族的总称。中国的名称最早出现于西周，是因天子所居之城处于中央地带而取名的；而华夏则只以夏朝作为原始阶段、以西安华山作为原始部落的族称。中华民族乃是以汉族为主，包括海外华人及中国境内56个民族所统一而成的民族。也因为如此，文化成为中华民族的骄傲。

汉字是经过长久历史流传下来的，也是唯一现存的表意文字，在研究中华文化上扮演了重要的地位。中华文化是中华民族源远流长、凝聚人心的永恒源泉，蕴含着卓越的传统智慧，中国人民大学校长纪宝成教授对中华文化的精髓做出了以下八个方面的概括。

（一）国家民族立场上的统一意识

在我国漫长的历史进程中，尽管国内多个民族经历了战争、更替、聚合等，但他们始终坚守着共同的文化传统，长期保持着对文明的坚定认同。这种共识是通过长期积淀形成的民族心理来维系的，也是一种文化自觉的结果。达到此境界的关键在于将国家统一的理念，巧妙融入中华民族的血脉之中，最终成为人们共同的价值观和理想追求。

（二）为政治国理念上的民本要求

西周初年，统治者在政治思想领域提出了“敬德保民”的理念，为后来的民本思想发展奠定了基础，不仅体现出先秦时期国家与民众关系中的一个重要特征，也是对传统社会“君权神授”的一种超越。在春秋时期，普遍流传着一种思想，即重视人民的福祉，轻视神灵的存在，同时也强调了对人民的关怀和尊重，将其视为美德。儒家继承了这些珍贵的思想遗产，逐渐形成了以人民为中心的政治理念和主张。战国时期，随着国家实力和封建专制程度的增强，以“仁政”为核心的人本主义政治理念开始兴起并得到广泛认同。自秦汉时期开始，历代王朝所奉行的基本政治原则之一便是以人民为中心、关爱百姓为宗旨，这一理念被统治者所采纳，且在民间也有广泛流传。此举对于缓解社会矛盾、维护社会相对稳定产生了深远的影响，为社会的和谐稳定奠定了坚实的基础。

（三）社会秩序建设上的和谐意愿

在中国传统文化中，和谐是一项至关重要的议题，儒、墨等主要思想学派对此进行了深刻的探讨和阐述。在不同的历史时期，这些思想也呈现出各自鲜明的特征。例如：儒家所倡导的是一种中和之道，核心理念在于以礼相待、以和为贵，注重人际关系的和谐共处；在道家的理念中，人们追求与自然的和谐共存，推崇以道为尊、以理为动、因势利导、顺应自然、包容万象，从而构建起自然和谐的治国秩序；等等。

（四）伦理关系处理上的仁义主张

在中国古代，处理人际关系、治理国家的基本理念是以仁义为核心，这一伦理价值观念形成了一个完整的体系，它主要包括以仁为本的人伦观、以义利为本的价值观以及以忠为本的政治伦理思想三个方面的内容。基于“仁、义、礼、智、信”五个字的理念，确立了一系列道德规范，以解决和处理各种复杂的社会关系，满足封建社会伦理的基本需求，并实现个人人格的健全。

（五）事业追求态度上的自强精神

“天行健，君子以自强不息”的事业追求精神，是一种不懈的奋斗之道。孟子所倡导的舍生取义和崇尚大丈夫精神，已经深入人心，成为中华民族广泛认同的心理信条。这种根深蒂固的文化传承，孕育了无数志士仁人的崇高品格，不断磨砺中华民族永不止息的自我奋斗精神。

（六）解决矛盾方式上的中庸选择

中庸之道在于恰当的分寸和合宜的度量。“中庸之道”是儒家学说中重要的道德规范和处世原则之一，孔子阐述了“中庸”的哲学概念，他认为任何事情都必须保持客观公正，不偏不倚，也不过度，不偏离正轨。孔子将这种“中庸”之德，视为一种卓越的道德境界和政治智慧，并将其视为人类智慧的杰出艺术，以应对各种复杂的社会环境。

（七）个人理想追求上的“修齐治平”

“物格而后知至，知至而后意诚，意诚而后心正，心正而后修身，修身而后家齐，家齐而后国治，国治而后天下平。”[①] 这是古人对“修身”这一问题所作出的精辟阐述，也是古代先哲对于人生和社会发展规律认识的结晶。儒家思想认为，

① 于涌，樊伟峻，付林鹏．礼记·大学·中庸 [M]．长春：长春出版社，2013.

无论是天子还是庶人，都应该以修身为根本。在这个意义上，“修身”就是要做到“修身、齐家、治国、平天下”这四个方面。修身齐家、治国稳固天下，唯有真心诚意的修养和个人道德的完善，方能成为治理国家的根本所在，即要把自己的思想道德素质和知识素养转化成为国家所需要的人才和社会发展进步所必需的本领，这一理想激励着中国一代代志士仁人，激励着古代读书人为之奋斗终生。

（八）社会理想上追求“小康大同”

“民亦劳止，汔可小康。”① 小康社会，即人民物质生活达到相当富裕水平，精神文化生活有较高水平，并具有一定文明程度的社会状态和社会形态。小康作为一种社会模式，最早在西汉《礼记·礼运》中被系统阐述，成为仅次于“大同”的完美社会模式。到了东汉后期，随着儒家思想向政治哲学领域渗透以及儒家学派内部的激烈斗争，“小康社会”这一概念被正式提出并加以运用。相对于大同社会而言，它处于理想社会的初级阶段，即“大道既隐，天下为家”的境界，核心是实现共同富裕、安定有序、和谐发展、文明进步等目标。中华文化，流光溢彩，缤纷灿烂，起源于过去，运用于现在，影响着未来。

第四节　中华文化传承的意义

一、坚定文化自信的重要基础

坚定文化自信，充分认识和理解历史文化发展的一脉相承性，必须始终恪守对本民族的历史文化、社会习俗以及发展方式的尊重，并坚持以中国为中心的立场，捍卫中华民族的精神家园。一个国家的复兴离不开文化的强大支撑，一个社会的进步同样需要文化的强力推动，所以我们的文化自信是否坚不可摧，取决于内心深处对传统文化的深刻领悟与广泛认同程度，对传统文化的礼敬是我们坚定文化自信的关键，是中华民族团结奋斗的共同思想基础。

传承中华优秀传统文化是坚定文化自信的基石。在经历了 20 世纪 80 年代末的文化改革和讨论、20 世纪 90 年代初的国学热以及 21 世纪以来对传统文化的重

① 武振玉．诗经 [M]. 长春：吉林文史出版社，2007.

视之后，人们开始理性分析与客观评价中华文化。在现代化与传统文化的关系上，人们普遍认为传统文化具有促进与推动现代化的作用，它们之间并不存在矛盾的关系。因此，我们应该大力弘扬优秀的传统文化，使其适应马克思主义与社会主义先进文化建设。

二、强化民族认同的重要法宝

民族认同感实际上是民族成员对其所属民族的认同与支持所形成的情感纽带。在民族认同过程中，“认可”与“赞成”的关系最为密切，二者相辅相成、互为条件。民族凝聚力的情感基础是由相互强化的“认可”和“赞同”情感所共同构成的，二者共同构成了民族认同感的核心。中国文化博大精深，是世界文化大花园中一朵盛开的奇葩。中华民族的伟大民族精神主要体现在以爱国主义为核心的爱好和平、团结统一、自强不息的精神内核上，中华儿女对于祖国深切的归属感也由此而来。在新的历史时期，我们必须以创造性与创新性的方式，持续推进中华优秀传统文化的转化和发展，摒弃传统的继承和转化，积极弘扬与发展中华优秀传统文化，使中华优秀传统文化与现代社会相适应，契合人们的精神文化需求，从而促进中华民族共有精神家园的进一步构建，为社会主义文化强国的建设提供有力支持。

中华民族上下五千年历经风雨洗礼愈挫弥坚，中华优秀传统文化如影随形，始终为中华儿女个人的思维方式和成长发展提供精神领航。坚守传统文化的行为准则，能够在新的时代背景下塑造中华民族的优秀品格，穿越事业发展征程中的迷雾惊涛破浪前行。中华优秀传统文化蕴含的核心价值内涵丰盈，经久不衰，在当代依然焕发出勃勃生机和独特的魅力。中华优秀传统文化注重把人的精神生活纳入社会理想，融汇成底蕴深厚的价值观念和文化传统，代代传承，绵延不绝，成为中华优秀传统文化独特的信仰支柱和精神追求。

三、维护国家文化安全的重要保障

文化作为国家、民族生存与发展的重要基石，既是国家与民族全部文化创造与文化成果的积淀，更是国家政治稳定与经济发展的关键性精神动力，同时也为人民大众提供了一定的道德基础。在国际关系中，任何一个国家都面临文化渗透问题，当文化受到威胁时，会不可避免地引发民族和国家的文化危机。因此，维护国家文化安全具有十分重要的现实意义。国家的文化和政治安全，以及经济安全，都是构成国家安全的重要组成部分。

“增强国家安全意识，完善国家安全战略，健全科学、协调、高效的工作机制，有效应对各种传统安全威胁和非传统安全威胁，严厉打击境内外敌对势力的渗透、颠覆、破坏活动，确保国家政治安全、经济安全、文化安全、信息安全。”① 维护国家文化安全是一项关系到国家文化主权、民族凝聚力以及构建社会主义和谐社会的重要战略议题。所以，在各项工作中，需要树立国家文化安全方面的相关意识，重视和强调国家文化的安全，领悟和了解国家文化安全和传承中华优秀传统文化二者之间的紧密联系，汲取中华优秀传统文化的精髓，通过各种方式努力巩固马克思主义在意识形态领域中的重要指导和引领地位，传承创新传统文化，建设有中国特色的社会主义先进文化，继承传统美德，重塑国民精神道德规范，从而为有效确保国家文化的安全，建立一道坚不可摧的防线。

四、培育社会主义核心价值观的重要资源

中华优秀传统文化，就某种程度而言为社会主义核心价值观提供了重要的精神财富。社会主义核心价值观是在汲取、参考和借鉴中华优秀传统文化滋养与精华的基础上，逐步提炼、拓展和完善的，是对中华优秀传统文化的传承与升华。中华优秀传统文化作为社会主义核心价值观的历史源头，具有独特的价值内涵，若社会主义核心价值观脱离传统文化之滋养，将成为一片荒芜之地和荒芜之木。当前我国社会正处于转型期，各种思潮相互激荡，一些不良因素不断滋生蔓延，影响着人们的价值取向和行为方式。为了培养与践行社会主义核心价值观，我们必须以中华优秀传统文化为基础，充分参考和吸收中华优秀传统思想的精髓，既要大力弘扬以改革创新为核心的时代精神，又要积极弘扬以爱国主义为核心的民族精神，同时将中华民族创造的一切精神财富作为重要支撑，以文化人和以文育人，最终使中华优秀传统文化成为培养社会主义核心价值观的源泉。

中华卓越的传统文化所蕴含的思想道德资源，为核心价值观提供了非常丰富

① 汤子琼，文云英．毛泽东思想、邓小平理论和“三个代表”重要思想理论[M]．成都：电子科技大学出版社，2008.

的"营养"。中华文化的精髓在于传统美德，这些美德蕴含着的思想与道德资源，值得我们深入探究。中华文化的思想道德资源和传统美德的传承，孕育了核心价值观，它不仅具有强大的生命力和感召力，也具有很强的凝聚力和号召力。数千载以来，先人为我们积淀了丰厚的道德财富、准则与规范。当前，我国社会面临着许多挑战，也存在很多机遇，我们必须深入探究道德的精髓，挖掘与弘扬以德治国、以德立人，明德、亲民、至善的道德思想，积极弘扬中华优秀传统美德，从而在新的历史条件下焕发出更加灿烂的光芒。

五、建设中国特色社会主义的重要支撑

中国特色社会主义是在党的领导下，严格遵循中国独特的国情和文化背景，以一种与传统社会主义和其他国家不同的独特方式进行实践的社会主义，有自己鲜明的特点，同时也有自身的发展规律。在坚持马克思主义基本原理、走社会主义道路的同时，我们也必须以我国的实际情况为出发点，避免照搬他国经验和模式，选择一条具有中国特色的道路。这是我们党领导人民革命和建设的基本依据，也是我国现代化建设取得巨大成就的根本原因之一。换言之，为了使马克思主义在我国扎根并发挥其作用，既要中国化，又要与我国的实际情况结合在一起，其中至关重要的就是和中华优秀传统文化相结合。

众所周知，坚持传承中华优秀传统文化和马克思主义，是建设中国特色社会主义进程中的一体两面，并且在其过程当中，马克思主义中国化和中国传统文化现代化是相辅相成的两个方面，它们共同构成了一个不可分割的整体，二者既相互联系又相互促进。马克思主义如果不与中华优秀传统文化的精髓相结合，那么其就无法真正地中国化。同理，如果中华优秀传统文化不站在马克思主义的立场、观点，对现代化进行发掘和研究，那么其就不可能真正实现现代化。为了推进中国特色社会主义的建设与发展，我们必须不断传承与发扬中华优秀传统文化，大力弘扬具有时代价值的思想理念、传统美德以及人文精神，以此丰富与充实中国特色社会主义的内涵，最终推动中国特色社会主义伟大事业不断向前发展。

第二章　中华优秀传统文化

本章内容是中华优秀传统文化，主要从四个方面进行介绍，依次为中华文化的核心力量、中华文化的价值追求、中华文化的做人准则、中华文化的道德原则。

第一节　中华文化的核心力量

中华文化的核心力量是仁爱。2014 年 2 月 24 日，在中共中央政治局第十三次集体学习中，习近平总书记指出，要“深入挖掘和阐发中华优秀传统文化讲仁爱、重民本、守诚信、崇正义、尚和合、求大同的时代价值”①。这些思想理念不论过去还是现在，都具有永不褪色的价值，是当代中国文化自信的重要基础。习近平总书记把“讲仁爱”放在第一位，意义重大，值得研究。

一、仁爱思想的内涵

概括起来，仁爱主要有五个层次的内涵，其实也是五个层次由内而外、由己及人、由人及万物的环环相扣的同心圆推展，这就是仁爱的逻辑。

（一）仁爱之心

人之为人有仁爱之心，才能够爱别人。仁爱之心是怎么来的？儒家认为仁爱之心是根于人天生的性善而内在地形成的。仁爱之心就是人的道德行为的发端，有仁爱之心才能形成人的道德。孟子是彻底的性善者，他不仅指出仁爱是人天生的本性，而且强调恶是人性的丧失。是否有良善之心，是人与禽兽最本质的区别。人之所以为人，就在于人共有同情心、羞耻心、礼让心、是非心“四心”，即“良

① 韩震．从历史走向未来：如何理解中国价值观[J]．当代中国价值观研究，2016，1（1）：41—44．

心”。按照孟子所言，有了“四心”也只是良心的开端，还要扩而充之，推而广之，才会拥有完全的良心。

（二）自爱

自爱是对自我整体的自尊自爱，首先是对自己身体的爱惜。仁爱是要从自爱开始，以自爱为起点，但不是以自爱为中心，而应该在自爱的基础上不断扩展到对他人乃至天地万物的爱。代表性的观点如《荀子·子道篇》的“仁者自爱”。

子路入，子曰：“由！知者若何？仁者若何？”子路对曰：“知者使人知己，仁者使人爱己。”子曰：“可谓士矣。”子贡入，子曰：“赐！知者若何？仁者若何？”子贡对曰：“知者知人，仁者爱人。”子曰：“可谓士君子矣。”颜渊入，子曰：“回！知者若何？仁者若何？”颜渊对曰：“知者自知，仁者自爱。”子曰：“可谓明君子矣。”[①]

孔子对弟子提出同一个问题，却得到三个弟子的不同回答，而从孔子对弟子们不同的回答作出的不同评价可以看出，孔子把知人爱人看得比为人所知和为人所爱重要，把自知和自爱看得比知人和爱人重要。这就是说，仁爱是从自爱开始，以自爱为起点。一个不知自爱的人去爱人，就是以其昏昏，使人昭昭，这是不行的。自爱是必要的，但人不能仅仅满足或停留在自爱，更不能以自爱为中心，而应该不断由自爱扩展到对他人乃至对天地万物的爱，不断提升仁爱的境界。汉代的扬雄强调人首先要自尊自爱，其次才能尊重他人、关爱他人。自尊自爱是尊重他人、关爱他人的必要前提。自爱是仁的开始，由此可以推广到对别人的爱。明代吕坤的《呻吟语》还提出了自爱自全之道。自爱不是自恋，是自律、自尊、自强。一方面，依推己及人的原则，一个人如果不知自爱，没有自己的情感体验，如何能够爱人呢？自爱与爱人是相通的。另一方面，自爱不仅是自己对自己的事情，它也要在自我与他人的关系中实现，即有被他人尊重的要求。一个人如不自爱又何来他人爱己的需求呢？长期以来，许多人过分强调爱人，没有注意到自爱。没有自爱作为基础，爱人也是空谈。

（三）爱亲人

爱亲人，即血缘亲情之爱。儒家讲的孝悌之道，就是血缘亲情之爱的集中体

① 荀况．荀子[M]．曹芳，译．沈阳：万卷出版有限责任公司，2020.

现。孔子非常重视孝悌，主张处理人伦关系要从孝悌做起。孝悌是实现“仁”的根本。《论语·学而》说：“君子务本，本立而道生。孝弟也者，其为仁之本与！”[①]表明“爱人”要从孝顺父母、尊敬兄长开始。如果一个人连自己的父母都不孝顺，他还有什么仁爱之心呢？所以，“孝道”乃为道德伦理的根本与基础。唯有能行孝悌者，才能去爱他人，因此孝悌为仁爱之根本。赡养父母要对父母有发自内心的敬重之情。

孟子进一步发展了孔子的思想，他认为：“仁之实，事亲是也。”“亲亲，仁也。”[②]仁爱的实质就是事奉亲人。这里的“亲亲”，包括爱自己的父母，也包括爱其他的亲属，仁爱当从侍奉双亲开始，注重血缘亲情之爱是仁爱的应有之义。

儒家孝道思想以《孝经》为代表。孝是沟通天地万物的基本人伦道德，贯穿于人生的全过程。汉代以后以孝治天下，对中国文化产生了重大而深远的影响。《孝经·圣治章》有云：“不爱其亲而爱他人者，谓之悖德；不敬亲而敬他人者，谓之悖礼。”[③]这是符合道德逻辑的，怎么能相信一个连自己父母都不爱的人能真心实意地爱他人呢？仁爱是从家庭血缘亲情推衍而来的，一个人只有先爱自己的亲人，才会去爱他人。没有亲情之爱，仁爱就成了无源之水、无本之木。正如盖楼房一样，不先盖第一层怎么能够盖第二、第三层呢？所以，儒家认为，爱人要从爱自己的亲人开始，然后推而广之去爱别人。

（四）泛爱众

泛爱众即爱一切人。孔子教育弟子“泛爱众而亲仁”，希望弟子要广泛地去爱众人，亲近那些有仁德的人。孔子还把亲情之爱推及与自己没有血缘关系的人身上。如果对没有血缘关系的人能够以亲兄弟那样的态度与情感对待，那当然是“泛爱众”的体现。孔子要求人与人之间要充满爱心，对人要温、良、恭、俭、让，要“己欲立而立人，己欲达而达人”，要“己所不欲，勿施于人”，通过忠恕之道落实仁爱。孔子要求国君节约用度、惠爱人民，而不要无穷尽地使用民力，要给老百姓休养生息的时间。孔子家的马棚失火被烧，他听到这个消息后，首先问人有没有受伤，回答说“没有”，孔子才问马怎么样。这说明孔子以人为本，重视

① 孔丘．论语[M]．西安：陕西旅游出版社，2003.

② 孟轲．孟子[M]．杨伯峻，杨逢彬，译．长沙：岳麓书社，2021.

③ 孔子．孝经[M]．史靖妍，译．桂林：漓江出版社，2017.

人的生命价值，但也不是不关心动物的生命，只不过在人与动物之间，首先是关怀人，其次是关怀动物。

心中有仁，就能爱人，能爱人，别人也能爱你；心中有了礼，能尊敬别人，别人也就能尊敬你。爱戴和尊敬都是相互的。这教导人们要对他人友爱、尊重，要能够与他人和谐相处。《礼记·礼运篇》以孔子的话表达了大道推行的大同社会的理想状况："人不独亲其亲，不独子其子。使老有所终，壮有所用，幼有所长，鳏寡孤独废疾者皆有所养"。[①] 人们不只是爱自己的亲人，爱护自己的孩子，而是使老年人都有人尊敬奉养，成年人都能发挥自己的作用，小孩子有人抚养，鳏寡孤独废疾的人都有人供养。

（五）仁者与天地万物为一体

儒家还把仁爱之心推向天地万物，追求仁者与天地万物为一体的境界。《尚书·武成》反对"暴殄天物"，即指反对残害灭绝自然之物，即自然界的鸟兽草木以及人利用自然物制作的衣食住行之器物，其中就蕴含了爱惜自然之物的意思，用今天的话说，具有保护生态环境的可贵思想。

孔子虽然没有把"仁爱"推及物的明确论述，但他对自然界的生命充满了怜悯之情。孔子只用有一个鱼钩的钓竿钓鱼，而不用渔网捕鱼，以免伤害许多小鱼或其他生物。他只射飞在空中的鸟，不射巢中歇宿的鸟，以免伤害母鸟或小鸟。这充分体现了孔子爱物及取物有节的生态意识，同时体现了他爱惜生命的仁爱思想。

孟子发展了孔子的"仁爱"思想，提出了"亲亲而仁民，仁民而爱物"[②] 的道德观，主张在爱人的基础上，将心比心，推己及人，推人及物，将仁爱精神和情感贯注于无限广大的自然万物，用爱心将人与自然联结为一体。爱人的同时爱万物，珍惜每一个生命的存在，这就是今天人们常说的生态环保意识。儒家的生态环保意识是在人伦道德的基础上扩展的结果，也就是今天所谓的生态伦理学。孟子还追求人与天地万物冥合为一的境界。齐宣王看见被赶去祭祀的牛可怜兮兮的样子动了恻隐之心，命令用一只羊去代替。对此，孟子认为齐宣王不让那头牛被送去作祭祀之用，是出于一种仁爱之心，但是齐宣王这样做是"见牛未见羊"，

① 戴圣．礼记[M]．张博，译．沈阳：万卷出版有限责任公司，2019．

② 余秉颐，李季林．四书金言[M]．合肥：安徽人民出版社，2012．

不知道以羊代替牛去做“牺牲”时，羊也是极其痛苦的。所以，从礼仪的需要讲，宰杀牛羊作为祭品是必须的，但是真正的君子对有生命的东西，看到它们活着，便会不忍心再看到它们死去，听到它们的悲鸣或哀叫，更不会忍心去吃它们的肉。所以，君子远离残害生命的厨房，正是源于“仁爱生命”这一善良而美好的心肠。孟子又将仁爱精神推及于政治，从而形成了他的仁政学说。孟子认为人皆有不忍人之心，“以不忍人之心，行不忍人之政”，这便是孟子的仁政论。在他看来，仁应当作为施政的根本。行仁政者得天下，失仁政者失天下，这是历史经验已经反复证明了的。要统一天下，得到天下百姓的拥护，不施仁政是绝对做不到的。

仁爱不能局限在爱自己，要扩展到爱别人，这样才能体现仁的精神实质。非但要爱他人，连鸟兽昆虫都要爱。仁，其实就是爱的同义词。人是我们的同胞，万物是我们的朋友。爱人能够使社会生态得到平衡，爱物则使自然生态得到平衡。程朱理学、阳明心学对“天地万物一体之仁”之说进一步加以详化、深化，二程说：“医书以手足痿痹为不仁，此言最善名状。仁者以天地万物为一体，莫非己也。认得为己，何所不至；若不属己，自与己不相干。如手足之不仁，气已不贯，皆不属己。故博施济众，乃圣人之功用。”① 朱子说：“仁者，以天地万物为一体。”陆九渊提出“宇宙便是吾心，吾心便是宇宙”②，王阳明认为：“圣人之心，以天地万物为一体，其视天下之人，无外内远近：凡有血气，皆其昆弟赤子之亲，莫不欲安全而教养之，以遂其万物一体之念。”“大人者，以天地万物为一体者也，其视天下犹一家，中国犹一人焉。若夫间形骸而分尔我者，小人矣。”③ 阐述了天地万物为一体，以及人对天地万物的责任，要求统治者“推其天地万物一体之仁以教天下”。这里天下一家，中国一人的思想显然来源于《礼记·礼运篇》：“故圣人耐以天下为一家，以中国为一人者，非意之也。”④ 意思是说圣人能以天下和合共为一家，能以中国共为一人，并不是一种臆想，而是可以实现的。

颜元在《颜元集·存性编》中概括说：“性之未发则仁，既发则恻隐顺其自然而出。父母则爱之，次有兄弟，又次有夫妻、子孙则爱之，又次有宗族、戚党、

---

① 程颢，程颐．河南程氏遗书 河南程氏外书 上[M]．济南：山东人民出版社，2020．

② 陆九渊．陆九渊集[M]．北京：中华书局，2020．

③ 王守仁．文白对照王阳明全集[M]．《文白对照王阳明全集》编委会，译．北京：团结出版社，2020．

④ 苏智恒．礼记·尚书[M]．北京：团结出版社，2018．

乡里、朋友则爱之。其爱兄弟、夫妻、子孙，视父母有别矣，爱宗族、戚党、乡里，视兄弟、夫妻、子孙又有别矣，至于爱百姓又别，爱鸟兽，草木又别矣。此乃天地间自然有此伦类，自然有此仁，自然有此差等，不由人造作，不由人意见。推之义、礼、智，无不皆然，故曰‘浑天地间一性善也’，故曰‘无性外之物也’。”从这段话中不难看出，作者是以性善论为前提，认为人的本性就是仁，仁的自然流露就是爱。这种爱是有层次的，是从父母到兄弟，再到夫妻、子孙，再到宗族、亲戚、乡邻、朋友，再到百姓，再到鸟兽草木，以同心圆的方式层层扩展的。作者强调这一层层扩展的爱的次第就是宇宙自然的秩序，不是人为造作的，也不由人的主观意志来决定。

二、仁爱思想的现代传承与当代意义

“仁爱”是中国传统文化的核心价值观之核心，从孔孟到程朱的历代大儒，都把“仁爱”作为一种最高的道德准则，它是中国古代伦理道德的宗旨和根本，是人们立身处世、为政治国的指南和规范，是中华人文精神的集中体现。近代以来，在西方各种文化思潮汹涌而入、中西文化冲突与融合的情况下，仁爱思想也不断地获得新的诠释，获得新的发展。

康有为一贯重视“仁”的相人偶之义，他试图把传统儒家的仁爱观与西方自由、平等、博爱结合起来，认为《论语》中“仁者爱人”的思想、韩愈《原道》中的“博爱之谓仁”的观点、《大学》里的“平天下”等说法，都是博爱、平等、自由而不侵犯人之自由的具体表述。在儒家传统仁爱思想的基础上，他提出了“人人独立，人人平等，人人自主，人人不相侵犯，人人交相亲爱，此为人类之公理”[①]，强调大同社会以仁爱为核心，提出爱天、爱地、爱宇宙、爱人、爱物、爱众生，直到把人类世界推进到极乐世界。

梁启超提出“新民说”，认为君子的核心美德是爱人，新民也要讲爱人，“利己心与爱他心，一而非二者也”，爱已心有两种，即“变相之爱已心”和“本来之爱己心”。人爱己但又无力实现，于是就通过“合群”来实现，这种爱他实际上就是变相的爱己。因此，“善能利己者，必先利其群，而后已之利亦从而进焉。以一家论，则我之家兴，我必蒙其福，我之家替，我必受其祸；以一国论，则国

① 李文军．从臣民到新民[M]．济南：山东大学出版社，2021．

之强也，生长于其国者罔不强，国之亡也，生长于其国者罔不亡。故真能爱己者，不得不推此心以爱家、爱国，不得不推此心以爱家人、爱国人，于是乎爱他之义生焉。凡所以爱他者，亦为我而已”[①]。

谭嗣同专门写了《仁学》一书，他在《仁学》中说，仁“遍法界、虚空界、众生界，有至大至精微，无所不胶粘、不贯洽、不筦络而充满之一物焉，目不得而色，耳不得而声，口鼻不得而臭味，无以名之，名之曰‘以太’。其显于用也，孔谓之‘仁’，谓之‘元’，谓之‘性’；墨谓之‘兼爱’；佛谓之‘性海’，谓之‘慈悲’；耶谓之‘灵魂’，谓之‘爱人如己’‘视敌如友’；格致家谓之‘爱力’‘吸力’，咸是物也”[②]。他以“仁者通”为核心命题，阐发上下相通，男女相通，内外相通，从而实现上下平等、男女平等的理想社会，最终实现通天地万物人我为一身的博爱，爱一切众生。他还以佛教的慈悲来解释儒家的仁爱，而有了慈悲之心便可以实现人人平等。依他的观点，慈悲就是救人的度世精神，仁爱就是普度众生，这实际上把佛教的慈悲与儒家的仁爱画等号了，这一观点值得商榷。

孙中山先生提倡“新八德”，即忠孝、仁爱、信义、和平，试图以此代替宋代孝、悌、忠、信、礼、义、廉、耻的“旧八德”。经过孙中山先生的重新诠释，忠孝、仁爱、信义、和平等儒家道德观念被赋予了民主主义的革命内容，成为教育和启迪人民群众革命意识、民主意识和爱国意识的重要思想武器。戴季陶说：“我确信中山先生的主义最崇高的一点是在他说明忠孝、仁爱、信义、和平的道德精神是民族自信力的基础。”[③] 孙中山先生还说，“仁爱也是中国的好道德”，中国“古时在政治一方面所讲爱的道理，有所谓‘爱民如子’，有所谓‘仁民爱物’，无论对于什么事，都是用爱字去包括。”“仁爱的好道德，中国现在似乎远不如外国。中国所以不如的缘故，不过是中国人对于仁爱没有外国人那样实行，但是仁爱还是中国的旧道德。我们要学外国，只要学他们那样实行，把仁爱恢复起来，再去发扬光大，便是中国固有的精神。”[④] 他极为赞赏韩愈对博爱之谓仁的解释，认为“博爱云者，为公爱而非私爱。即如‘天下有饥者，由己饥之；天下有溺者，

① 梁启超．梁启超选集 [M]. 上海：上海人民出版社，1984.

② 谭嗣同．仁学（汇校本）[M]. 张玉亮，译．杭州：浙江古籍出版社，2021.

③ 中国人民大学中共党史系．戴季陶主义资料选编 [M]. 北京：中国人民大学出版社，1983.

④ 孙中山．孙中山全集（第 9 卷）[M]. 北京：中华书局，1986.

由己溺之’之意。与夫爱父母妻子者有别，以其所爱在大，非妇人之仁可比，故谓之博爱，能博爱，即可谓之仁。”①

毛泽东同志曾经说：“彼仁人者，以天下万世为身，而以一身一家为腕。惟其爱天下万世之诚也，是以不敢爱其身家。身家虽死，天下万世固生，仁人之心安矣。”② 后来又指出：“仁像现在说的‘亲爱团结’。”③1939 年 4 月 29 日，毛泽东同志在延安活动分子会议上作关于国民精神总动员的报告中解释“仁”：“同情大多数人，拥护大多数人，对大多数人有益处的，叫仁。”④ 这些解释与传统儒家和当时国民党政府在为抗战发出的国民精神总动员号召中所谈论的忠孝仁义，确实有区别。

2014 年教师节前夕，习近平总书记到北京师范大学看望和慰问广大师生时指出：“教育是一门‘仁而爱人’的事业，做好老师，要有仁爱之心，没有爱心的人不可能成为好老师。”⑤ 这是对为人师表的教师的殷切希望，对我们弘扬尊师重道的传统，重建师道具有高屋建瓴的指导意义。

习近平总书记的外交观饱含仁爱智慧，充满仁爱情怀。2013 年 10 月 24 日，习近平总书记在周边外交工作座谈会上的讲话中指出：“我国周边外交的基本方针，就是坚持与邻为善、以邻为伴，坚持睦邻、安邻、富邻，突出体现亲、诚、惠、容的理念。”⑥ 他站在世界之巅，强调中国梦与各国梦相通，把中国人民的追求与世界人民的期盼连接在一起；他主张从各国梦走向世界梦的大同之路，他倡导世界各国共建人类命运共同体。2014 年 3 月 27 日，习近平总书记在联合国教科文组织总部演讲时指出：“当今世界，人类生活在不同文化、种族、肤色、宗教和不同社会制度所组成的世界里，各国人民形成了你中有我、我中有你的命运共同体。”2015 年 9 月 28 日，习近平总书记在第七十届联合国大会上作了题为《携手构建合作共赢新伙伴　同心打造人类命运共同体》的报告，系统阐述了

① 孙中山．孙中山全集（第 6 卷）[M]．北京：中华书局，1986.

② 胡小林，于云才．毛泽东的学习思想与实践 [M]．济南：山东人民出版社，2003.

③ 毛泽东．毛泽东书信选集 [M]．北京：人民出版社，1983.

④ 陈晋．毛泽东读书笔记精讲 2（哲学卷）[M]．南宁：广西人民出版社，2017.

⑤ 张红专．长沙职业技术学院学术论坛（第 1 辑）[M]．长沙：湖南师范大学出版社，2017.

⑥ 李文．从着眼和平稳定到立足合作共赢：理念的变化 [J]．世界知识，2020（3）：16—17.

“人类命运共同体”的内涵：“‘大道之行也，天下为公。’和平、发展、公平、正义、民主、自由，是全人类的共同价值，也是联合国的崇高目标。目标远未完成，我们仍须努力。当今世界，各国相互依存、休戚与共。我们要继承和弘扬联合国宪章的宗旨和原则，构建以合作共赢为核心的新型国际关系，打造人类命运共同体。”①

2016 年 12 月 31 日，习近平总书记在《二〇一七年新年贺词》中指出：“中国人历来主张‘世界大同，天下一家’。中国人民不仅希望自己过得好，也希望各国人民过得好。当前，战乱和贫困依然困扰着部分国家和地区，疾病和灾害也时时侵袭着众多的人。我真诚希望，国际社会携起手来，秉持人类命运共同体的理念，把我们这个星球建设得更加和平、更加繁荣。”这就直接把中国传统“天下一家”作为今天人类走向大同的希望。

2017 年 1 月 18 日，习近平总书记在日内瓦万国宫发表《共同构建人类命运共同体》的演讲，向世界宣告“中国方案是：构建人类命运共同体，实现共赢共享”，并全面系统地阐述了人类命运共同体理念，指出国际社会要从伙伴关系、安全格局、经济发展、文明交流、生态建设等方面做出努力来一起构建人类命运共同体，承诺“中国愿同广大成员国、国际组织和机构一道，共同推进构建人类命运共同体的伟大进程”。

儒家仁爱是建立在亲疏远近、尊卑贵贱等级基础上的“等差之爱”，具有同心圆式的由近及远、推己及人、层层扩展的特点，具体体现为人性本善，仁爱之心；仁者自爱，身心和谐；孝悌之道，家庭和谐；泛爱济众，人与人和谐；万物一体，人与自然和谐。继承发扬儒家的仁爱精神，就是要培养同情他人、关心他人和爱护他人的社会公德意识和热爱、保护自然环境的自觉意识，实现人类社会的全面和谐。

仁爱思想是儒家学说的核心，也是中华文化的核心价值观念。仁爱精神陶铸了中华民族的仁慈、善良、宽容、博大的品格，是中国人心灵家园的基石。仁爱是传统文化中最具当代价值的宝贵资源。

仁爱思想对民族精神产生了积极和深远的影响。中华民族崇德向善、见贤思

① 人民网．习近平谈构建人类命运共同体[R/OL]（2022-02-17）[2023-03-20].http://politics.people.com.cn/n1/2022/0217/c1001-32354228.html.

齐、孝悌忠信、礼义廉耻、扶危济困、见义勇为、孝老爱亲等传统美德都与仁爱思想有密切的关系。儒家仁爱是一种崇高而博大的道德精神，哺育了一代又一代华夏儿女，中华民族就是在这种仁爱精神中成长、繁荣、生生不息的。

第二节　中华文化的价值追求

中华优秀传统文化集中体现了文化的民本性，反映了广大民众的基本价值追求，以民众的生存和发展为国家政治布局谋篇的要点，这就是博大精深的民本思想。民本思想有着悠久的历史传统，民本思想指我国古代的明君贤臣为维护民心和巩固国家统治，而设计出的一整套以民为本的施政观念，基本思想主要表现在贵民、重民、恤民、安民、爱民等不同的侧面。民本思想是中华传统政治文化的优良基因，在当今建设现代民主国家中仍然可以焕发出熠熠光彩。

一、民本思想的丰富内涵

民本思想的内涵主要围绕着民与天、民与国、民与君这三组关系展开。民与天的关系是天的意志中包含着民众的意志，它通过百姓的生活状态和生存心态传达自己的意志。民众生活富足安康，上天的意志即顺利实现；反之则阻碍了天意的实现，历史发展的方向将要转折。国君若要国运亨通，必须遵从上天的威权意志和民众的美好心愿，代替上天来履行牧养万民的责任，否则这种代天牧民的资格会被上天收回。民与国的关系是民众是国家的根本，只有当根基稳固的时候，国家才能够长治久安，民众的安康预示着国家的兴盛。民与君二者是相互依存的关系，政治的核心在于建立利民、惠民、富民、养民、教民等统治策略和治国经验，国君应当秉承以民为本的重民思想，表现出爱民、安民、亲民、济民、恤民等价值理念和行动准则。天、君、国、民形成了相互影响、彼此作用的交互结构，决定着历史和国家的发展动向。

（一）天与民的关系：天佑众民，敬天保民

天是民，也即百姓的牧养者，上天赐下丰饶的物产、立世的人伦和丰美的生活，是为了让百姓能够安居乐业。百姓在土地上辛勤地劳动，日出而作，日落而

息，与自然的节律保持一致。上天也管理百姓，可是这种管理是间接的，希望他们的行为符合天意，能够遵守伦理风俗和人伦道德，使他们在人间的生活能体现上天的美德和恩情。上天派遣天子即国君来代替自己，对百姓直接加以管理，因此天、君、民之间是权力的赋予与支配关系。这种关系呈现为首尾衔接的环状，而非垂直等级的关系。对于上天，国君和百姓一方面通过祭祀仪式，表达对它的崇仰和感恩戴德；另一方面遵守它的道德律例，在内心接受天作为最高等级治理者的合法地位。

1. 国君的地位要获得天命的认可

上天的旨意显示为天命，天命有常还是靡常是当时争议的一个主题。人们对上天的旨意是恒定的还是变动不居的，有过一番激烈的争论，可最终仍然没有形成共识，没有获得令人信服的一致性结论。不过达成的普遍信念是，天命衡量国君胜任与否的标准是他们是否考虑民众的利益和意愿。上天是不会放任国君肆意妄为的，通过考察国君是否体恤和爱护民众，来决定是否延续其统治的权力。国君统治的资格来自天，而影响这个资格能否获得的决定因素在于民。可见，民和天是一体的，天站在民的这边，为民的利益和意愿张目。记载周朝统治智慧的《尚书》有多篇记载了民本的思想内容，如《皋陶谟》提出“天聪明，自我民聪明。天明畏，自我民明威。达于上下，敬哉有土”，《泰誓上》认为“天矜于民，民之所欲，天必从之”，《泰誓中》的“天视自我民视，天听自我民听”，等等。①

2. 国君的治理要顺从上天的威严

天佑民众，而君惧天威，于是国君需要尊重上天福佑民众的意志，来为自己的统治赢得支持，以维持君主的统治地位。上天对民众起到保护和福佑的作用，对国君是决定其能否获得统治的能力和机会。如同周公旦所说，因为天会护佑民众，所以当民众受到君主的迫害时，天就会灭亡君主的统治，将其天命夺去。相反，如果君主以民为本，保民重民，天也会保佑其国祚绵长。因此，统治的权力来源是天，统治的目的是为民，决定能否统治的因素是天命的实现与否。国君不能因为在权力地位上居于民众的上位，就随意按照自己的意愿和偏好来对待百姓，他们只能按照上天的行善意志来宽待和安抚百姓。最理想的境界是以上天的心为心，来爱护民众，为他们的生活提供保障和安乐，而不是欺压和剥削他们。若民

① 黄怀信．尚书注训[M]．北京：齐鲁书社，2009.

众的怨声传到上天那里，上天就会干涉人间的统治，设立新的仁爱的国君，把不合格国君的统治资格给取消。

3. 从敬天保民向敬德保民的转化

天命是抽象的，人能否准确地把握它，总是存在一定的疑问，因此需要把决定历史发展的力量落实到人的身上。人有现实性的一面，同时也有超越性的一面。只有人的超越性这一面，才能和上天的品质相提并论。而最能体现人的超越性的，就是人的内在德性。因此，敬天保民的思想又进一步演化为敬德保民，用人的德性代替抽象的天命，这样更能为现实的政治服务。实行仁德、实施仁政是国君的政治伦理，同时顺从明君的治理、反抗暴君的暴政，是民众的政治素养。周公旦劝导当时的统治阶层，谋取长久统治的决定因素在于德性，对周朝人来说，最重要的事情就是要敬尊天命，把上天的善德彰显出来。在国家事务中，具体表现为对远近的诸侯都不要轻易地去冒犯，已经和好的诸侯要维持和平交往，要继续修道明德，不要安逸无为，否则将会难以收拾残局，周朝将会陷入和夏商一样的结局。从历史经验中总结出一套行之有效的统治原则，是周朝统治者的努力方向，其中包括对民之本性的认识，以及对人民加以教化引导。这拓展了敬天保民的内涵，更多地从民的角度来设计更加有效的社会管理方案。

4. 敬德保民的具体体现

敬德保民之“德”具体表现在如下方面：敬天敬祖，继承祖业；遵守圣王之道，反对暴王之道；虚心接受先哲遗教，包括先王先哲的成功经验；对民的力量心存畏惧，体恤并安抚他们；反对刑政，以德治民；不要好逸恶劳，而要兢兢业业；行教化，作新民。这些丰富的德政内容自成体系、日益成熟，涉及政治生活的方方面面，表现出中华民族的先祖对管理国家的基本要求。他们把治理国家的基业建立在善德上，希望通过修好诸侯、安抚民众、勤于政制、教化百姓，实现“家天下”政治的基业长青。

（二）民与国的关系：民惟邦本，本固邦宁

“民惟邦本，本固邦宁”[①] 是其最为核心的思想内涵，影响也最为深长久远，在当今中国共产党“执政为民”的治国理政中亦有统绪继承的出色表现。这一历

① 黄怀信. 尚书注训 [M]. 北京：齐鲁书社，2009.

久弥新的思想，从历史的深处走来，在现实中散发着光彩，为国家的繁荣、富强、文明作出了伟大的贡献。

国家建立的根基在于人民，人民的支持与拥护是国家兴盛发达的首要条件。一个国家的兴亡，一个政权的成败，都与能否赢得民心民力有着密不可分的关系。只有人民认可这个国家，接受政权的合法性，投身到对社会的全面建设中，这个国家才能屹立不倒，才会长治久安。能够得到人民的爱戴和拥护，国家才能建立、巩固和发展；如果得不到广大人民的支持和拥护，国家的大厦就会轰然倒塌。人民支持和拥护的前提是，他们对国家产生了向心力，把个人的幸福和国家的命运联系在一起。

1．深厚的民生情怀

人民如果没有得到起码的尊重，缺乏基本的生活保障，他们的利益诉求一旦失去反映的渠道，那么，他们就会和国家产生离心力，国家统治的根基就会动摇。之所以需要国家，是因为国家能够集合群体之力，把人民联合起来，使人民生活得更好。人民和国家之间既有利益联系，也有情感联系，更有命运共同体的关系。当人民和国家之间的依存关系被强行扭断的时候，将会产生巨大的离心力量，使国家的发展方向偏离正常的轨道，使人民的生活遭受伤害和痛苦，这样必然产生革命的要求。而革命的高歌猛进，破坏了稳定的社会秩序，颠覆了原有的价值秩序，激进和狂热的气氛会冲破理智的束缚，给社会造成创伤和苦楚。因此，保障民生需求，给百姓提供国泰民安的生活环境，尊重他们的生存权益，是国家的基本责任。

2．深远的历史记忆

历史上许多有影响的思想家都曾发出点拨统治阶层良知良能的呼声，提醒他们关注民生、体贴民愿、听取民声、满足民需、赢取民心。他们发表这些见解，目的在于化解劳心者和劳力者之间的阶层矛盾与利益冲突，使他们能够联合起来，共同发挥正向作用，把国家治理得更好。这样避免百姓陷入民不聊生的悲惨生存境况，也避免国君因统治不力而走向亡国的命运。如西汉贾谊说：“闻之于政也，民无不为本也。国以为本，君以为本，吏以为本。”他认为国家、君主和官吏都应当以民众为中心，民众是政治的核心和根本。贾谊还说：“夫民者，万世之本也，不可欺。凡居于上位者，简士苦民者是谓愚，敬士爱民者是谓智……与民为敌者，民必胜之。”[①] 民众身上潜藏着智慧和能量，一旦受到统治者的欺压和敌视，最终被推翻的是统治者，胜利的是人民。它成为古代政治智慧中最为经典的篇章，也是继承下来的悠久治国理念，深刻地影响了中华民族的政治文化和治理方式。

3. 君民的主次关系

人民作为国家的根本，意味着从民到国、从国到君这样的依次决定关系，即君的地位是因管理国家的需要而产生的，而国家管理最根本的目的还是人民的生活。国家治理的效果如何，是通过民情来体现的，只有国家做到明德慎罚、惠民爱民、吸引民心，君的地位方能稳固。人民的生活状况是衡量国君治理国家水平的基本依据，国君之所以掌握管理国家的权力，是因为维护百姓的生活需要这种权力的赋予。这形成了一个内部循环的闭合结构，恰好证实了“民惟邦本，本固邦宁”的理论意义，把民的地位置于政治的首位才是合理的。荀子说“天之生民，非为君也；天之立君，以为民也”[②]，表述了民对君的决定关系。朱熹注《孟子》中的“民为贵，社稷次之，君为轻”时提出，“盖国以民为本，社稷亦为民而立，而君之尊又系于二者之存亡，故其轻重如此”[③]，他的观点和董仲舒一脉相承，都突出民的重要地位。

（三）治国理政的要义：政在养民，立君为民

国家、国君和民众，构成了政治运行的稳固结构。民众是国家的根本，国君却能影响国家治理的效果，以及决定民众生活保障的实现与否。这需要确定政治制度和社会建设的价值取向，即管理国家的最终目标是什么，以及设计什么样的具体制度去实现这些目标。民本思想提供的解决思路是：国君的设立是为了百姓的利益，安排和执行的具体政治策略是为了使他们能够生活得富足、幸福。这为政治结构和运行形式，赋予了真实的操作性内容，也成为规范国家政权的伦理原则。

1. 执行休养生息的安民政策

民众的重要性不在于口号和形式，而在于治国理政的施政策略和具体措施，

① 贾谊．新书[M]．北京：商务印书馆，1937．

② 王先谦．荀子集解[M]．上海：世界书局，1935．

③ 朱熹．四书章句集注[M]．北京：中华书局，2011．

在于确立休养生息的安民政策、立君为民的政治策略，重民、富民、惠民是其主要内容。民众需要幼有所教、病有所医、老有所养，这些问题并非依靠个人的力量就能得以完全解决，往往需要国家公共力量的支持。孔子继承了周代尊民、爱民的美好传统，反对统治阶层过分剥削和压迫民众，提出给人民安宁的内心感受和体面的生活。孔子说："道千乘之国，敬事而信，节用而爱人，使民以时。"① 他把爱民当作重要的治国内容，主张让民众安心生产、受到教育，让国君在使用权力时，能够有所敬畏地对待百姓，赢取他们的信任和尊重。孔子赞扬郑国的子产养民也惠，引申出"因民之所利而利之"的统治原则，要求统治阶层考虑民众的利益。孔子从当时的社会环境和统治经验出发，指出政治的要义即为养民，让民众有好的生活和好的教养。这种治国理念在汉朝建立之初，通过休养生息的公共政策，得到具体实现。这也成为具有历史先进性的治国经验，在每个朝代的建立之初都得到了较为全面的贯彻，继而带来了全新的中兴局面，促进了生产和社会的发展。

2. 国君要体察民之疾苦

民众需要安居乐业和接受教化，可这不是自然实现的，需要有开明的国君为其统筹谋划，有仁厚的贤臣为之操持和落实。民本和君本并不对立，而是相辅相成的，重民和重君实为优良政治的一体两面。养民、保民关系到国君的权力稳定，以及向子孙后代的顺利延续，其重要性不言而喻，这既是理论上的先进认识，更是在政治实践中的行动方案。只有切实地体察到民众疾苦，关心其生存状况，才能设计出合理的施政措施，给民众带来实际利益。这个问题至关重要，如果统治阶层空喊口号，养民、保民就难以兑现。为君、为官者需要"先知稼穑之艰难"，并且"知小人之依"，了解民众收获的艰难和生存的不易，理解他们生活的困苦。对民之艰辛不可置之不理，而要感同身受，设身处地地为改善他们的实际生活而集思广益，群策群力。

3. 国君要有高尚的道德情操

立君为民的基本要求是国君要成为理想人格的化身，具有高尚的情怀，崇尚道德和乐施仁政。做国君是为民众，而非为自己一家之私利，天下是百姓的天下，而不是一家之天下。这是比较朴素的公共精神的萌芽，要求国君为天下的安危治

① 孔丘．论语[M]．杨伯峻，杨逢彬，译．长沙：岳麓书社，2000．

乱而思虑，而非只为其子孙后代谋求权力。从客观情况来看，如果国君无法正当地遵守权力和道德的双重约束，一旦陷入自私、无能和残暴的网罗，那么这样的统治必将被民众起来革命而推翻。历史的朝代更迭很好地说明了这一点，国君的权力不是永恒的，可是民众的力量是永恒的。反之，如果国君拥有为民之心，这样的国君被形容为“比之如父，拟之如天”，高尚的道德为国君带来高贵的名誉。为民众着想，为天下着想，是立君为民的首要义务。这是把民众的位置摆放在国君的前面，强调民的忧乐重于君的兴亡，再次体现了政在养民、立君为民的民本思想。

二、民本思想的独特创造

中华传统民本思想源远流长，贯穿于整个古代社会，历经三千年，内化为中华民族深层次的文化心理结构，制约着人们的思维方式和行为模式。时至今日，在当代中国仍有广泛的社会心理基础，仍会产生深远的现实影响。在建设现代国家和加强治理能力的现代化建设的进程中，合理利用民本思想中的优秀精华，仍有重要的现实意义。这要求人们从根本上理解民本思想在产生、形成和发展中，凝聚着古老政治智慧的独特创造，使民本思想与现代民主思想、以人为本思想相得益彰。

（一）民本思想以社会伦理为本位

1. 民本思想通过伦理方式来解决社会问题

相对于西方现代民主思想强调个人本位、权力至上和个体自由，中华传统民本思想突出社会伦理本位，把个体编织到社会关系中来考察人的现实生活，以及考察国家能否实现善治。在等级森严的皇权专制统治中，通过各个阶层间的互动交往和互施仁爱，从伦理层面来透视社会政治生活，形成了伦理、政治一体化的思维方式，甚至产生政治和伦理界限不清的状态。民本观念的接受者是统治阶层，传播者是以知识为本职使命的文化人，主体内容是由贤臣和士人向国君及统治阶层子弟传递的文教信息。它在形式上看是以人民为中心，可是根本目的还是在于维护君主的顺利统治，让血亲宗法政权有权力延续的能力和空间。

2. 民众从根本上无法参与权力的分享

民众并非觉醒的权力主体，更无法从权力体系中分配到直接权力。他们只是被动接受物质安排和精神安抚的对象，相对于不享受权利的状态来说，如果继续失去生存和发展的机会，则是更为可怕之事。好在中华优秀传统文化中有天人合一思想，无论是人、是物，或是君、是民，他们都和谐地融合在这个合一的体系当中，只是各自的位置和职分有所不同。这种和合观使人们在思考政治问题时，开始踏上对人的发现之旅，意识到人是万物之灵长，是社会存在的坚实基础，是构成国家的第一要素。就人与社会的关系而言，中华传统政治理念注重人的社会性，强调从社会关系出发，安心于已有的社会结构，各自执行本分，维护差序格局的稳定状态。把国家兴盛的命运维系于国君的仁心义魂，而非合理地进行制度安排，这也带来了隐患。即当产生暴君暴政时，人民只能通过革命的方式来推翻国家的残暴统治。

3. 人民的权益保障无法脱离君王的善治

当思想家审视政治中的君与民、国与民及治与乱等问题时，把君提升为天地万物的统一者。董仲舒在《春秋繁露》中说："取天地与人之中，以为贯而参通之，非王者孰能当是？"[①] 既然国君承担着贯通天地人的重要职责，那么势必产生"君为政本""民为国本"的民本观念，进而在治国方略上表现为"以民为本"的理念，从君与民的互相依存关系来谋求社会的安定和国运的昌盛。君民是互相依存的，明君需要善民，因此每个朝代都强调对民众的教化；安民需要贤君，若不从道德上来约束和要求君主，那么民众的生活必然困苦不堪。当社会压力超过固定的承受界限时，君不将为君，民亦不将为民，双方的位置和秩序会发生改变。这从根本上回答了管理国家权力的本质和来源，很好地解释了等级制度的合理性，也提供了治理社会的现实策略。

民本思想是国君的行动指南，也是朝代更迭兴亡的直接凭据，历史经验反复验证了它的合理性和可行性。民本思想规范着君民间的伦理原则和行动准则，也更深层次地解释了古代社会的基本结构和典型的国家制度。它不只涉及如何看待、对待民众，不仅指向国君的道德水平，更是关系到政治、经济和社会的整体运行。民本思想是古代政治思维的主线，也是整个社会伦理的总体框架。

---

① 董仲舒．春秋繁露[M]．程郁，译．长沙：岳麓书社，2021．

（二）民本思想是间接民主思想

1. 民本思想不能直接等同于民主思想

民本思想容易给人造成以民为中心的认知偏差，这使人难以区分重民思想和现代民主思想。民本中的民属于类群体的概念，阶级性和阶层性是它的实然属性，民的本质是作为被管理者定义的。虽然民是被管理者，可是他们并不应当成为被奴役和被迫害的对象，生产劳动、闲暇娱乐和接受教育都是他们应该享有的生活内容。如果统治阶层不能从基本生活保障和底线生存要求的角度来对民加以管理，那么带来的结果就是造成国君的覆灭和国家的灭亡。可见，民不拥有权力，可是拥有决定国运兴衰的能力，能否恰当地处理好君民关系，是考验国君智慧的基本路径。

2. 民本思想是对多种力量的整合

统治阶层若能尊重和遵循民本思想，则会通过整合天意代表的圣王之道、民意代表的生存之道、君意代表的权力之道，来维护和强化既定的统治秩序和社会结构，进而谋求自身的阶级利益和实现一定的政治目的。如在《贞观政要》中唐太宗李世民说："可爱非君，可畏非民。天子者，有道则人推而为主，无道则人弃而不用，诚可畏也。"[①]这是说成为国君并不是他本身有什么值得称道之处，而是因为他要成为道德的载体，否则，他的权力就会为民众所丢弃，这是值得国君、贤臣和士人认真思考的大问题。由此可见，民众的身上携带着一种弱势、柔性的权力特质，在国泰民安的和平年代体现得不清晰，可是一旦民生沉重，社会矛盾被激发起来，以致无法化解，民众的这种柔性权力就会呈现井喷式爆发，从而扭转历史的发展方向。

3. 民本思想是一种间接民主观念

民本思想不会直接导向天赋人权和国家的民主治理，可是民众的力量仍然不容忽视。强调民本，也意味着强调君本，民本思想是另一种君本思想，因为君、民互为存在的前提。君民关系是天命的安排，可是天命的安排是可以变更的，一旦君主不执行抚民、养民的天然职责，那么天命就要剥夺他的权力。正是因为有神圣之天的调节，君王居于中间位置，既需要对上天负责，又要对民众负责。民

① 吴兢．贞观政要诠解[M]．孔思明，译．南京：江苏凤凰美术出版社，2018．

众的生活是否安顺、富足和幸福，是考察君王德性和能力的试金石，他能否尊重天意和民意，决定他能否继续享有管理国家和民众的权力。因而民本间接强调了民众对于历史发展的巨大推动作用，也可以说民众是历史的主人。

这种间接民主观念，造成中华政治长期以来处于人治状态，而不是像西方那样形成契约精神和法治社会。民本思想家认为国君和民众是组成国家的基本要素，没有民众，统治阶层无从统治，衣食住行和人身安全皆无法保障。民众是被天福佑的，是被君主需要的，是安居于土地上的生产者。主权在君，是否配合主权的统治，则是民的本分。民本思想既是一种间接民主的形式，也是对社会关系和职责伦理的观照，更是中华故哲先贤的独特创造。它适合中华的政治土壤，是内生的政治智慧和切实可行的管理方案。

（三）民本思想的目的在于限制君权

1. 君舟民水是民本思想的重要隐喻

君舟民水形象地描述了君民之间互相影响、彼此决定的关系。水对舟有双重作用，既能载舟，亦能覆舟。同样的道理，民众既可以让君王坐稳江山，也可以使他们失去天下。国君若失去民众的支持，则会众叛亲离。民本思想最为直接的现实作用，就是限制君权，通过民众的现实力量和在历史演进中的作用，很好地对君权形成限制。民本思想在历史发展中，构筑了一道安全警戒线，让统治阶层始终有一种危机意识。

2. 无限的君权被民本适当地调节和中和

当把民作为国之本时，其实已经预先设定了民众是统治对象，是国家政治的基础，只有国君才是真正的主权者。民本思想要求统治阶层“重民”“爱民”，并不是为了民众而是为了国君。对民众实“仁政”，强调“以民为本”，不是真正把民众当作政治主体和目的，而是认清了民众在维护国家统治中的作用。民之所以为本，是因为民众是税收之本、赋役之本、兵役之本、稳定之基、等级之基。从现实意义上说，民本客观上限制了君权，实质上是对君民的双重保护，是君民之间可能爆发冲突的减压阀。君民之间双向影响的方式，是民本思想备受重视的根本原因。

三、民本思想的价值理念

民本思想经历了长期的历史发展，其中有三条价值理念贯穿其中，包括：民惟邦本，以民生为重；以民为主体，由民来做主；许民以厚利，顺民心民意。这三条主线勾勒出民本思想的大致轮廓，表达出尊重人民和安顿人民的价值取向。

（一）民惟邦本，以民生为重

把民作为邦本，并非无谓地抬高民的位置，而是认识到民对国家建设的重要性。《尚书》说："欲至于万年，惟王子子孙孙永保民。"① 这是说保民是延续统治的前提。"敬天保民""民惟邦本""民贵君轻""立君为民"等古训，表现出对民众的重视，要尊重民众的身份和地位。《左传》更是从国家兴亡的高度阐发了民众的重要性，其中说："国将兴，听于民；国将亡，听于神。"② 更多地体现民能载舟、亦能覆舟的严苛历史教训，这是对统治者的提醒和警示。这要求统治者以民生为重，满足人民的日常生活需要，把民生放置到国家治理的首位。

（二）以民为主体，由民来做主

现代政治中的民本思想从注重人民的生活需要，上升到关注人民的主权地位，即由人民当家做主。人民自己掌握着自身的命运，做自己的主人，也推动着历史向前发展。现代民本思想是要培养现代公民，使其充分享有宪法和法律规定的权利，并履行自己应尽的社会义务。在现代社会，公民选出有志于且有能力管理公共事务的人，在公共治理中实现人民的共同意志。我国实行人民当家做主的基本国策，在不损害国家根本利益的前提下，公民可以自由而充分地表达自己的意见，公民有集会、游行、出版和言论自由。这是对传统民本思维的超越，使民本思想获得了新的生命力。

（三）许民以厚利，顺民心民意

不与民争利、施行仁义、敬德保民是贵民而隆君，爱民、利民、富民多角度地规定了民本的内涵。安定民生、体恤民虞、顺民意、合民心、取信于民，共同构成了完整的民本思想。这种思想折射出中华古代政治思想的精华，较好地体现

---

① 苏智恒．礼记·尚书[M]．北京：团结出版社，2018.

② 左丘明．左传[M]．西安：陕西旅游出版社，2003.

出中国古代的政治思维，也是各个朝代治理国家的基本政治原则。民本思想既肯定了民众在政治上的根本地位和决定作用，也要求统治者在政治实践中为民着想。因为是中央集权的官僚管理体制，百姓并不要求分享权力，只要求有安定的社会环境和富足的生活水平。若是掌权者能做到这点，那么政治的稳定也是顺理成章之事。

民本思想作为中华民族创造并继承下来的重要价值理念，凝聚着民族的集体智慧，是先进的思想文化遗产。在当前新的历史条件下，我国正在努力建设中国特色社会主义先进文化，并积极融入全球格局当中，发挥正在和平崛起的大国影响力。我国以马克思主义为全方位发展的理论指导，结合对西方现代政治文明的合理借鉴，在此基础上对传统民本思想进行批判性继承，积极维护最广大人民的根本利益，促进传统民本思想向现代民本观念的积极转化。

四、民本思想的政教意义

民本思想产生于统治阶层及思想家治理社会的需要，是这些精英群体面对社会矛盾和国家命运而进行意识反省的产物。他们主张以民为主体、以民为本位，承认民众对国家和历史的客观作用，认识到民众在社会发展中的重要地位。当民本思想形成后，即成为政治精英和知识分子自我教育的主要内容，他们希望时时、事事、处处以此为准绳，对照和反思自身的治理能力和管理方式。他们把民本思想作为教育未来精英阶层的精神资源，希望世世代代延续下去，一方面治国保民，另一方面基业深厚。民本思想寄托着民众安心生活的愿望，也寄托着国君实现善治的理想，更是士人对国家命运和民众安康的主动担当。

中华文化向来有政教合一的传统，民本思想的政治蕴含和教育意义水乳交融，执政为民是考验治理能力的探测器，也是考察民心向背的试金石。在中华大地的政治实践中，民本思想产生了重要影响。重视民本观念，则政治稳定、百姓幸福、经济发展、社会进步，反之则政局动荡、百姓离乱。尊重这种社会发展规律，是把握着历史的发展趋势。统治者特别重民、利民，体贴民心、民意，实施重民、保民的政策时，国家就会繁荣、稳定发展，如历史上的“文景之治”“贞观之治”。当与民争利、荒淫无道、实施暴政虐政时，国家就常常陷入纷争战乱。这说明，只要统治阶层意识到人民群众的作用，在一定程度上维护人民的利益，就能推动社会历史的发展和进步。社会发展的历史进程诉说着一个真理：人民群众才是历史的真正主人，他们真正主宰着历史的命运。

第三节　中华文化的做人准则

在 5 000 年的历史长河中，中华民族创造了灿烂的文化，形成了一套完整的价值观念和道德规范体系。仁、义、礼、智、信、温、良、恭、俭、让、廉、耻、勇等都是这套体系中的基本德目。它们既有所区别，又相连相通，使它们相连通的就是“信”。信是最基本、最普遍的一种美德。在传统文化中，“信”为言之瑞、善之主、德之厚、德之固。只有以忠信为前提才能进德，忠、信是修身养性的基础。

作为一种重要的伦理道德，诚信在人们的日常交际和社会生活中都发挥着十分重要的作用。中华民族历来注重人的道德修养，重视塑造理想人格。

在漫长的文明发展历程中，诚信始终是中华民族的做人准则，发挥着规范人们行为、维系社会秩序的重要作用。如今，诚信依然是社会主义核心价值观的基本纲目，诚信是公民道德的基石，既是做人做事的道德底线，也是社会运行的基本条件。现代社会不仅是物质丰裕的社会，也应是诚信有序的社会。诚信是维系社会和谐、促进社会发展的基本准则，是实现中华民族伟大复兴的根本所在是中华文化中的做人准则。

一、诚信思想的历史发展

（一）殷商西周时期的诚信思想

上古先民的生存环境相当恶劣，人们对自然非常敬畏，故先民希望通过卜筮、听命上天、敬奉鬼神的方式得到庇佑，在恶劣的自然环境下求得生存。因此，人们以敬神为信，这也使得当时的诚信思想覆盖于天命鬼神色彩之下。殷商时期的诚信思想沿袭上古，也极具神秘色彩。《礼记》有云：“殷人尊神，率民以事神，先鬼而后礼……，周人尊礼尚施，事鬼敬神而远之，近人而忠焉”[①]。这是“殷人尊神，周人尚礼”的由来。《祭统》有云：“身致其诚信，诚信之谓尽，尽之谓敬，

① 戴圣．礼记[M]．张博，译．沈阳：万卷出版有限责任公司，2019.

敬尽然后可以事神明，此祭之道也。”[①] 这是讲个体的诚实产生于对神的敬信，从而奠定了“诚”“信”之间的内在关系——以诚为本。但随着人们对事物的认识逐渐提升，“以人为本”的文化思想得以萌芽。《礼记》中就有对原始社会群体中诚信道德情况的相关描述，人们在为生存发展而合作，在合作中逐渐意识到，只有坚持诚信，才能彼此信任，达到预期的目标。这是诚信意识的成型过程。诚信意识的进一步发展，为诚信规范的定型创造了有利条件。

古代君王在祭礼中所表现出的是虔诚信奉的思想，如盟誓之信。在夏商时期，王权是屈从于神权的，带有浓厚的宗教性。所以，盟誓的实质是利用鬼神崇拜让人产生恐惧心理，进而约束和限制盟誓成员的行为，使盟誓的功能更加持久有效地发挥作用。及至西周，盟誓已经成为周王与诸侯间稳固政权及解决争端的一种国家制度，此时的王权已经超越了神权，成为构成盟誓的核心力量。我国古代君权神授，把君主看作上天之子，万民之表率。君主对天下、对民众有教化之责，必须以身作则来引导社会道德风向。

周朝以礼治国，“有孝有德”是周礼“亲亲尊尊”等级建构的基础。《逸周书》有云：“九德：忠、信、敬、刚、柔、和、固、贞、顺”“九行：一仁，二行，三让，四信，五固，六治，七义，八意，九勇”[②]。这些德目的出现，既是对人们日常生活的道德约束，也是道德规范成型的显性标识。可见人们对诚信的高度重视。九德忠信为首，君王以德待民，臣民以德奉上。所谓“信诚匡助”，就把诚信包含在敬德之中，有德才有信，丧德则失信。《左传·僖公五年》记载：“故《周书》曰：‘皇天无亲，惟德是辅’。又曰：‘黍稷非馨，明德惟馨。’”[③] 这说明周人已经由神转向人，对人德行的重视，认为神灵享用的是有德之人的祭品，保佑的是有德之人，而不是看你的祭品的丰厚与否。《周易》“尚德”，十分推崇诚信，《中孚》卦就全面论证了诚信的价值，认为人之诚信能感化邦国。周人以天道推人道，顺应天道，发扬诚信，就能“吉无不利”，故当爻辞每每讲诚信时，与之相联系的判词都是“吉”，最不济的也是“无凶”。治理天下，靠的不是天意，而是诚信，和悦而谦逊，诚信才可感化邦国，万邦来朝。

① 戴圣．礼记[M]．张博，译．沈阳：万卷出版有限责任公司，2019．

② 皇甫谧．逸周书[M]．刘晓东，译．沈阳：辽宁教育出版社，1997．

③ 上海人民出版社．春秋左传集解[M]．上海：上海人民出版社，1977．

（二）春秋战国时期的诚信思想

春秋战国时期，社会结构和性质发生了颠覆性变化，诚信思想也开始由神权笼罩到与封建纲常伦理相结合的转变。动荡的社会环境和剧烈的社会变革成为驱使人们不得不去深入反思和批判社会现实，去寻求心灵的慰藉，并探索安身立世之本，于是出现了诸子百家争鸣的思想盛况，其中主要代表有儒、道、阴阳、法、墨、名、纵横、农、杂、小说等学派。此时诚信思想得到了进一步发展，有了更为完整的系统，形成了一定的理论基础。这一时期是我国诚信思想逐渐成形的阶段，对后来我国诚信思想体系的建立有着十分重要的影响，其中影响较大的是儒、道、法、墨四家。

1. 儒家以“仁德”为核心的诚信思想

儒家具有强烈的“入世”精神。孔子尊崇先贤，主张“仁政”，强调自律，推崇西周“礼乐治天下”制度，所以儒家的学说被看作是夏商周三代思想的发扬。

孔子的诚信思想以“敬事而信”为主。他将“信”作为五德之一，认为内修于己是修身立命之本，并通过把个人私德和社会公德合而为一的方式来论述诚信对维系社会秩序的重要性。立身行世，诚信极端重要，如同行车的关键“軏”与“轨”。孔子认为个人应在言语上求真，行为上务实，称“乡愿”（乡里中伪善欺世之人）为“德之贼”，强调人与人之间应该相互尊重、相互帮助，并将诚信与仁爱并举，认为“忠”是诚信的外在体现。交友也要交讲诚信的益友。治理天下，“诚信”是最重要的。孔子认为治理国家有三个重要条件：足食、足兵、民信之。在这三者之中，食物和军备很重要，但只能排第二和第三，最重要的是统治者要取信于民，百姓不信任执政者，国家就会垮掉。为政要诚信，诚信是执政者取信于民的关键。孔子认为诚信比生死更重要。

孟子继承了孔子的思想，将孔子的思想发扬光大，并提出了“思诚”的命题：从明于善出发，才能诚于身，进而悦于亲、信于友、获于上，最终达到民治的目的，这与中华民族修身齐家治国平天下的家国情怀有异曲同工之妙。孟子认为追求天爵是追求人爵的基础，一个人如果没有仁义忠信，不乐于行善，就得不到人爵，得不到功名利禄。若一个人追求到了人爵，便放弃继续追求天爵，那么，他的人爵也终将失去。也就是说，一个人内在的道德修养决定了他是否可以充分实现人生价值和社会价值。孟子认为讲诚信是人本性使然，故“性本善”既是其伦理思想的基础，又是其诚信思想的基础。他还对孔子的信义思想进行挖掘，提出了判断诚信与否的标准，并把“信”从“五德”提升为道德伦理规范的“五伦”之一，认为“朋友有信”是处理友朋关系的最基本原则。

荀子对孔子的忠信思想进行了阐发，充分肯定了诚信对于经济兴旺、国家富足所起到的巨大促进作用。不同于孟子，荀子认为人性恶善伪，并在此基础上，有“起礼义，制法度，以矫饰人之情性而正之，以扰化人之情性而导之也，始皆出于治，合于道者也”[①]之论，强调“礼义”和“法度”对人性情的矫正与引导作用，丰富了儒家的诚信思想。

2. 道家以“自然”为核心的诚信思想

道家与儒家正好相反，主张“避世”，认为人们应当从自然中找寻到根源，进而解决一切矛盾，这当然是一个哲学命题。因此，如何将人之道完美地合于天之道是道家学说的基础，同时也是道家诚信思想的基础。以老子和庄子为代表的道家学说，更注重的是顺应天道且不带有功利性的个体的内心诚信。

老子认为“道”生天地万物，而“信”存于“道”。《老子》有云：“道之为物，惟恍惟惚。惚兮恍兮，其中有象；恍兮惚兮，其中有物。窈兮冥兮，其中有精，其精甚真，其中有信。”[②]人们可以通过观察体验去了解、“道”，进而把握“道”的特征和规律。老子把诚信作为人生行为的重要准则。老子主张“无为”而治，认为“轻诺寡信”是治理国家的大祸。君主言而有信，百姓才会“亲而誉之”；君主言而无信，百姓就会“畏之”“侮之”，最终导致“信不足，有不信”的恶果。

3. 法家以“律令”为核心的诚信思想

法家质疑道德的制约功能，推崇法治，将法与德对立起来。管子思想以丰富庞杂著称，其中又以法家思想为主导。他非常注重诚信，否定强求和随意承诺的不负责任的行为。他还将功利意义上的赏罚和诚信结合起来，通过赏罚的手段获得法治上的公信力，希望借由赏罚诚信的手段来实现“百姓皆说为善，则暴乱之行无由至矣”[③]的治世局面。管子的这种赏罚诚信观，为法家的诚信体系形成奠定了基础。

法家诚信观的框架自商鞅起就愈加清晰。商鞅所仕之秦国，社会背景复杂，

① 荀况．荀子[M]．曹芳，译．沈阳：万卷出版有限责任公司，2020．

② 李耳．老子[M]．冯国超，译．北京：华夏出版社，2021．

③ 管仲．管子[M]．梁运华，译．沈阳：辽宁教育出版社，1997．

国民缺乏诚信观念。商鞅采用变法的方式来革除弊病，先用奖赏手段（建木立信）为其施行变法营造了广泛的舆论和诚信基础；随着变法的实施与深入，开始利用国家的力量，用轻罪重罚、扩大律法适用范围等方式来提高法律威信，保障变法。

韩非是法家集大成者，他把“信”看作是至高无上的美德。故韩非渴求贞信之士。他认为君主应该把律法和道德伦理分割开来，不可轻信妻子，亦不可轻信权臣。由此看来，韩非所看重的“诚信”，归根结底还是一种帝王之术。但无可否认的是，韩非在充分肯定诚信作用的基础上，通过将“法、术、势”融入诚信观的方式真正实现了法家诚信体系的构建，有利于良好的社会秩序的建立，有利于人们忠于国家与君主。

4. 墨家以“义利”为核心的诚信思想

儒家重义轻利，认为对利的追求是社会混乱、国家动荡的根源；墨家与儒家背道而驰，尚利且贵义。作为先秦时期平民百姓的思想代表，墨家反对社会不公和不义之战，倡导“兼爱”“非攻”。墨子把利看作义的落脚点，认为义之所以贵重，就在于义能利人，因而墨家的诚信思想也带有鲜明的功利主义倾向。墨子认为“义”的实质是“利”，他的“利”，不仅仅是一己私利，还要利他、利群，故墨子赞同只有在“求天下之利”的基础上才能“饥者得食，寒者得衣，劳者得息”[①]。

墨子认为的“信”就是言行一致。人们只在乎言语是否出于诚心，不会在乎言语是否得当。墨家推崇忠信之士，把“信”看作评价“仁人”的重要道德标准，这也是墨家任人唯贤的原则之一，墨子所求的“天下之利”必须由忠信之士才能达成。

综而论之，儒家通过对天命和先天人性以及对社会功用的阐释，把诚信推向崇高的位置；道家顺应天道且不带有功利性的个体的内心诚信，让人不为外物所拘，变得更加明智；法家则是通过把诚信制度化，使之成为冷静的治国工具。儒、法、道、墨四家对诚信的理解各有侧重又相辅相成。

（三）汉唐盛世时期的诚信思想

秦统一后，崇尚法制，结束了先秦诸子百家争鸣的局面。三国、魏晋南北朝

① 孙诒让．墨子间诂[M]．孙启治，译．北京：中华书局，2017．

将近400年的动乱，对人们造成巨大的精神压迫，“诚信”这一基本的道德底线甚至被冲破，导致道德的失落。隋朝虽然实现了大一统，但国祚不长，而且亡国于“有功无德”的隋炀帝，人们一直在呼吁诚信。社会大讲诚信，就是因为之前深受社会诚信缺失之苦。所以，社会稳定的汉、唐是我国古代思想承前启后的重要时期，各家思想互相吸收和融合，诚信思想得到了新的发展和进一步巩固。

1. 传承“儒家宗法”的汉代诚信思想

西汉惠帝废除“挟书之律”后，长期受到压抑的各种思想得以正常发展，讲学通经之风再次兴盛。汉代诸子在继承先秦诸子特别是儒家思想的理论基础上，充分肯定了诚信思想的社会功用，诚信仍旧是判断人道德品格的标准。从诸子的言论中可以找到许多关于诚信的论述，涉及当时社会生活的各个领域，在人际关系方面表现得最为明显。

两汉的政治家和思想家在强调个人言行诚信的同时，也都指出诚信是立国之本。陆贾在《新语》中论述了商贾之徒、奸邪之臣不诚信的行为对国家的危害；贾谊在《新书》中提出用建“三表”（通过信谕、爱谕、好谕的方式使匈奴怀服大汉）来解决民族问题，三者互为表里，而其核心就是信；刘安的《淮南子》和桓谭的《新论》等书都强调了“法令有信”和“赏罚必行”的功用；桓宽的《盐铁论》和徐干的《中论》分别从民族关系和“尾生抱柱”的典故出发，提出讲诚信也要因时制宜，要“知权变”；王符的《潜夫论》、崔寔的《政论》以及仲长统《昌言》等书对当时不诚信的行为进行了批判，并提出许多有关诚信的主张。

汉代大儒董仲舒认同“春秋尊礼而重信，信重于地，礼尊于身”[①]，“信”就是诚实不欺，言行一致，有“竭愚写情，不饰其过，所以为信也”[②]之论。他在《春秋繁露》中确立了“三纲五常”的道德说教，把“信”列入“五常”，并将之提高到了“五常之本，百行之源”的位置，强化和提升了“诚信”在整个中国传统思想文化中的地位和影响。

2. 奉守“诚信政治”的唐代诚信思想

唐代前期政治稳定，君臣励精图治，文化开放，侠义风气盛行，社会经济得到了空前发展。这一盛况的出现与唐代政治诚信有莫大的联系。上自皇帝、王公

① 董仲舒．春秋繁露[M]．北京：中华书局，2011．

② 董仲舒．春秋繁露[M]．北京：中华书局，2011．

大臣、一般官僚士大夫，下至隐士、百姓等都是诚信的倡导和实践者，诚信思想已经渗透到唐代社会的方方面面。

唐代在政治诚信方面特别突出，诚信成为唐代君主治理国家的核心理念和政治传统。盛唐文人士大夫推崇信德，提出“德礼诚信，国之大纲”的为政思想，保有“以文长会友，唯德自成邻”“守道不如守官”的文史思想，重现讲信义、重然诺、轻财好施、排忧解难的传统侠义之风，他们视文人、侠士、将相三位为一体的人格为最理想的人格。这一时期君臣关系和谐，上下齐心，坦诚相见，因而出现了政治清明的盛世。

唐时选用“择良将”“保诚信”的举措来驭边境，采取互市、和亲、结盟等形式来处理民族关系。在经济上，朝廷制订《诈伪律》来惩治不诚信的商业行为，各种器物的制作和贩卖不得有诈，设有专职官员负责监校斛斗称度，还会对掺假行为进行惩罚。唐代的契约制度和典章制度已经相当完备，民间商业活动也多采用买卖契约，还出现了古代版的支票——飞钱。“飞钱”的实质就是一种信用制度，依赖官府的诚信而存在。唐代以立婚书或受聘财为婚姻关系的确立，反悔就是不义、无信，重婚或为婚妄冒的行为都会受罚。这些都是生活中的诚信规则。内外兼顾就是唐代政治清明及社会稳定发展的最大保障。

唐代中后期的帝王也时刻牢记先人诚信治国的遗训，但由于政局混乱、藩镇割据、宦官专权等原因，在实际执政中未能真正躬行诚信之道。人们的诚信观念受到了严重冲击，特别是政治诚信和经济诚信，远不如盛唐时期。末世人人自私自利，欺诈诳语横行，所以才有了各地的农民起义，才有了朝代的更替。可见，诚信对稳定民心、治理社会、建设国家的重要性。

（四）宋元明清时期的诚信思想

神权与封建纲常伦理的结合发展到宋元明时期已经建构成了一个集宇宙、人性和政治于一体的哲学体系。宋元明时期是诚信思想的深化传承阶段，这一时期的儒学是继魏晋时期儒学玄学化改造后的再次复兴。这种复兴被称为理学，源于隋唐之际的王通，经由韩愈、柳宗元诸人继其后续，至两宋时期蔚为大观，持续到明清之际，影响直至当代。宋元明理学从内涵和体系上深化和完善了儒学，将诚信看作维护封建“天理”的工具并加以诠释，形成了一套比较完整的“天人合一”的理论体系。明清之际，“存天理，灭人欲”假道学的出现是正统儒学统治地位动摇的象征。

1. 哲学思辨的宋代诚信思想

宋代是我国思想史上活跃的主要时期之一，主要以理学和新学为代表。两派在伦理学上有所区别：理学是儒学的复兴，以儒家经学为基础，兼收佛、道思想；新学则关心时政，主张从解决现实难题入手。但两派都十分重视诚信伦理。

宋代理学的主要代表人物有北宋周敦颐、程颢、程颐和南宋朱熹等。宋代理学鼻祖周敦颐通读《易经》，颇有心得，提出了以“诚”为中心的宇宙观。他的“诚”源自内心，是无妄无欺的言行表现。作为万物的最高本体之“诚”是静止不变的，而作为一切善行的本源之“诚”则时刻处于变化之中。他还将宇宙观中的“诚”与道德观中的“诚”相统一，把“诚”看成是人生的最高境界。程颢、程颐是理学的奠基者和创立者。他们认为“诚”是人伦的最高道德标准，是“诚者物之始终，不诚无物”的自然和谐之道，是“诚者天之道，敬者人事之本”的社会和谐之道，更是“人为天地心”的宇宙和谐之道。更值得推崇的是“二程”在“君推诚以任下，臣尽诚以事君，上下之志通，朝廷之泰也”中所体现的“同德同志”的道德标准和为政原则。二程还将诚信看作立业之本。朱熹是理学集大成者。他把“信”与“诚”分割开来，认为“信”是一种实践性的理性法则，是普通人都应达到的道德准则；而“诚”作为道德的本体，是一种理所当然的状态。在前人的基础上，他对诚信做了概括性的总结。他继承了“二程”的诚信观，以注解经典的方式把“诚”的本质提升为“天理”，“天命之谓性”。他还对“诚意”和“致知”的关系进行了阐述，认为二者相辅相成。

新学则以“一时儒宗”李觏、王安石等人为代表。李觏以礼说信，认为礼是总称，包含仁、义、智、信四德目。他追求的是讲实求信的务实功利观，对后世影响颇大。北宋政治家王安石赞美孔子“言必由绳墨”，认为“尽诚以立信”“尽性以至诚”。他在此基础上注《老子》，对老子的诚信道德进行阐发，并将之运用于政治实践中，多次利用讲席向君主讲述圣君必诚信才能得到贤人的要旨。

2. 雅俗共赏的元代诚信思想

理学的昌兴使得诚信被提到万物之始、圣人之本和“五常之本，百行之源”的高度，诚信也逐渐变为普通的社会公德。作为道德规范基础的诚信是作家极为热衷表现的。元代文学水平最高、普及程度最广、影响力最大的文学表现形式就是元曲，杂剧属于元曲的一类，也是元曲发展到极致的高级表现形式。剧作家通过创作的人物形象和故事情节来体现当时社会的纲常伦理，反映当时的社会风俗和价值观念。

纪君祥以《史记》的记载为蓝本改编的《冤报冤赵氏孤儿》中的程婴轻生死、重然诺的忠义、诚信精魂，是中国传统道德的典范之一。王实甫《西厢记》向人们展示的不仅仅是一种美好的爱情理想，更是一个只有建立在诚实守信基础上的爱情才能赢得美满结局的婚姻现实。《朱砂担滴水浮沤记》中对不守诚信的商人形象进行刻画与讽刺，他们不仅死后要受惩罚，而且来生要么投胎做个牲畜，要么劳碌一生却丝毫无获，以此来作为对他们不诚信的报应，目的就是劝解商人要诚信为商。

元末明初的小说《三国志通俗演义》中，讲刘备三顾茅庐，以其求贤若渴、礼贤下士的至诚精神终于成仁成事；讲诸葛亮信守承诺，辅佐少主，鞠躬尽瘁，死而后已。这种君臣相得是历代君王和能臣的至高追求。

这些对诚信思想的宣扬做了极好的过渡和铺垫的作品，都是人们追求诚信思想的表现。将诚信思想通过通俗化的手段来达成普及化的发展，是这一时期戏曲杂剧和小说创作的主要特点之一。

3. 经世致用的明清诚信思想

明清时期的诚信道德仍以理学为正统思想，故基本上沿袭了自先秦诸子百家到程朱理学的理论体系。但从主观主义哲学代表王守仁提出的“知行合一”，讲求的是内心的反省，强调的是“实”重于“名”；到蕺山学派创始人刘宗周提出的“诚为诈伪”，从政治角度对诚与妄、信与欺等道德规范进行剖析；再到明末清初的著名启蒙思想家唐甄主张的“大信必谨于小”，在批判封建其他伦理道德的同时用“有贾于广交者”例来褒扬践行诚信的行为，以寓言创作的方式来宣扬“诚信而不欺人，乡人皆服之”的诚信思想。可以看到，此时越来越重视诚信的经世致用性。

明代处于社会转型时期，商品货币经济的繁荣催生资本主义关系的萌芽，商业经济得到快速发展。这一时期诚信观念受到商业文化的影响，走上了经世致用之路。明清之际的王夫之主张信义与利益兼顾，他继承和发展了北宋张载开创的气本论，用真实存在的“诚”来说明无形而实有的“气”。

文学家蒲松龄用唐传奇小说的文体，通过谈狐说鬼的方式撰写了《聊斋志异》，对当时的社会政治进行尖锐的批判，但对那些诚信的人物和事迹是不吝赞美的。如故事《田七郎》就塑造了一个一钱不轻受、一饭不敢忘的既诚信又侠义的社会底层人物形象。蒲松龄在论及为人要则时，他提出的立身处世之道，至今现实意义尚在。

曾国藩的诚信思想可以看作是中国传统诚信思想的总结。他认为“天地之所以不息，国之所以立，贤人之德业之所以可大可久，皆诚为之也。”[①] 他把“诚”作为自身的出发点和立足点，忠信为国，推诚下士，以诚交友，孝信教子，为世人树立了一个传统诚信的典范人格。他对庄子“美成在久。骤而见信于人者，其为信必不固；骤而得名于时者，其为名必过情”有这样的释读：“君子无赫赫之称，无骤著之美；犹四时之运，渐成岁功，使人不觉；则人之相孚，如桃李不言，下自成蹊矣。”[②] 意思是君子不会有煊赫的名声，也不会一下子就有美名；就好比一年四季的更替，慢慢地形成一年，让人无法感觉到；人们自然信服，就好比桃李本身并不会说话，而下面自然形成了蹊径。

“诚信”在明清代已成为普遍遵循的商业活动原则。浙商、徽商以及晋商之所以天下扬名，无不以诚信为经商要旨。吴中浮著《商贾便览》一书，在传授经商入门知识以及刑赏原则，方便行商者了解各地信息的同时，无时无刻不在宣扬诚信为商的重要性。重德自律的商业诚信使这一时期的许多商人获得了巨大的成功。

二、诚信思想的价值

通过对诚信思想历史发展的梳理，我们对传统的诚信思想有了更深刻的认识。从古至今，思想家从未停止过对诚信内涵及意义的探索。诚信是一个人立身处世、建功兴业的前提，也是一个国家，一个社会、一个民族生存和发展的必备条件。纵然历史上不可避免地存在某些不诚信的人和事，但无可否认的是，诚信是中华民族最为古老、最为宝贵的美德之一，中华民族自古以来就是讲诚信的民族，中

① 李鸿章，李瀚章．曾文正公全集[M]．长春：吉林人民出版社，1995．

② 李鸿章，李瀚章．曾文正公全集[M]．长春：吉林人民出版社，1995．

华文化自古以来就重视诚信文化。在今天的社会建设中，传统的诚信美德仍发挥着重要作用。

（一）诚信是修身处世之根

《白虎通》中讲“五常”（仁、义、礼、智、信）不能自成，圣人“明之以教人成其德也”①，实际上就表明对诚信品质的培养是修身过程中的重要内容之一。从《周室三母》《千字文》以及“成人”的标准中可以窥到古人对诚信教育的重视。

诚信是社会发展对群体、对每一个人的基本需求，选贤与能、讲信修睦是大同社会的基石，也正是诚信将大家紧密地联系在社会这张大网之中。与亲属之外的人交往也要特别诚信和忠诚。《齐人有一妻一妾》中的“良人”实际上是“之祭者乞其余”，回家后却夸言“所与饮食者”“尽富贵也”，这种欺人欺已的丑恶行为，连自己妻妾都以之为耻，其人品可见一斑。从这里可以看到，人们常常通过言行来判断一个人的道德修养和人格品质。诚信是一切人际交往中道德规范的起点，而诚信的基本要求就是真实无妄，言行一致。心有诚意，才会口有信言，进而行必有慎。一个人能否形成诚信的人格，赢得人们的信赖，得到人们的尊重，就在于他是否能够长期坚持以诚信待人。

（二）诚信是建功兴业之本

个人所选的事业，不仅是个人实现自身价值的途径，更是实现社会价值的舞台，所以立业是人生中的大事。而作为道德根本的诚信，在成就个人事业的过程中发挥着重要作用。《困知录》里所讲的“若于忠信有所不足，则终身之所成就，从可知矣”②，实际上就是将个人成就的高低与其对人对事的忠信程度密切联系起来，忠信不足，就可以断定这个人的终身成就高不到哪里去。所以说，诚信是建功兴业之本。

诚信在商业领域显得尤为重要。在讲到商业行为的时候，老百姓似乎已经将“无商不奸”看成商人的代名词。而事实上，“无商不奸”这个词是后人杜撰的。旧时米商在量米时会用一把尺子将升斗中隆起的米削平，以确保分量准足，而后还会再拿出一些米，撒在抹平的升斗上，使之鼓出一个“尖头”。这才是真正的

① 班固．白虎通[M]．北京：商务印书馆，1936．

② 金沛霖．四库全书·子部精要[M]．天津：天津古籍出版社，1998．

“无商不尖”，它其实是个褒义词，赞的是商人童叟无欺、不缺斤少两的行为。受到农耕社会重农抑商思想的影响，再加上部分商人过度追求利益、生活铺张奢靡，横行乡里，最终导致商人戴上了唯利是图、奸诈等帽子。

（三）诚信是治国安邦之基

从古至今，有太多的经验教训告诉人们，诚信是治理国家的重要法宝。国家的存在、发展和强盛必须以诚信为基础。这就要求国家治理者必须诚信。历史也表明，有所作为的帝王将相，无不是以诚信赢得百姓支持的。

荀子在讲强国的道理时明确地指出君王必须诚信。夏禹和商汤都是古圣王，他们治国时慎礼义、务忠信，国家才强大；而夏桀、商纣弃义背信，最终落得身死国灾，也是必然的归属。晋文公成为春秋五霸之一的法宝就是注重信德，而周幽王烽火戏诸侯、齐襄公瓜期不待，最终失去臣民的信任，一败涂地。以上事例充分体现了诚信的政治价值。古代名臣士大夫都强调诚信在治理国家过程中对提升国家威望和竞争力、优化社会结构、维护社会秩序以及促进社会安定和团结等的重要意义。

说到治军，人们脑中浮现的都是“兵不厌诈”“不战而属人之兵”之类非诚信的手段。但实际上，我国军事文化中有着“用兵不欺”的传统，不仅十分重视“仁人之兵，不可诈也”“师不越时”，即正义、规范的军事行动应该堂堂正正、严守承诺；更有“非道德忠信，不能以兵定天下之灾，除兆民之害”[①]的说法，把“忠信”看作平定天下、为民除害的杰出将领的必备品质。从文献中可以看到太多德信治军、忠信用兵而成就的故事。例如：晋文公援宋迎楚之时，兑现“退避三舍”之诺，做到了言而有信，攻原之时，又信守“期十日”之诺，攻原得卫，最终成就霸业；吴起待人以诚、治军以信、德信兼顾，最终成就“军神”威名。

宋代王安石有《商鞅》一诗流传至今，认为法之欲行，诚信为先，把诚信看作治国的法宝；司马光也将诚信上升到事关国与家成败得失的高度：“夫信者，人君之大宝也。国保于民，民保于信；非信无以使民，非民无以守国。是故古之王者不欺四海，霸者不欺四邻，善为国者不欺其民，善为家者不欺其亲。”[②]因此，

① 刘先廷．太白阴经译注[M]. 北京：军事科学出版社，1996.

② 司马光．资治通鉴[M]. 北京：中华书局，1956.

能否立信、能否取信于民是一个国家兴衰存亡的根本，诚信就是整个国家政治生活正常运转的基石和保障。

（四）诚信是社会主义核心价值观对人的基本道德要求

中国传统的诚信道德蕴含着漫长的历史积累，是历史发展以及社会实践的结晶，被视为比“金玉”更为珍贵的“宝”。中华民族把传统诚信看作一种必然性的根本信念。传统诚信道德是不自欺也不欺人之纯粹人格的高度统一，为人们自觉修身、自觉诚信提供了道德的激励、人格的榜样。到了今天，传统的诚信美德仍发挥着重要作用。

在国与国竞争愈加激烈的今天，我们渴望再现汉唐盛世与辉煌，实现中华民族的伟大复兴，就必须从推进诚信建设开始。党中央高度重视社会主义核心价值观建设，在公民层面提出“爱国，敬业，诚信，友善”，把诚信作为国民道德素质提升、和谐社会建设的重要道德规范，强调诚实劳动、信守承诺、诚恳待人。在不愿、不能、不敢失信的制度环境下，加强社会诚信建设，营造守信光荣、失信可耻的社会氛围，为实现中国梦奠定社会主义核心价值观基础。

《礼记》中描述了两个理想社会：一是以“讲信修睦”为社会精神的理想大同社会；二是稍次于前者的以“仁义道德”为原则的小康社会。而诚信是这两个理想社会所体现出来的根本特性。王充在《论衡·问孔》中讲：“夫去信存食，虽不欲信，信自生矣；去食存信，虽欲为信，信不立矣。”① 这句话不仅从民生的角度论述了“人穷则诈”的道德取舍倾向，还隐晦指出传统诚信文化是以“仓廪实”“衣食足”为现实主义立场，更揭示了经济基础决定上层建筑这一人类历史发展的一般规律。所以，中国共产党在领导中国的社会主义事业中，继承和发扬了“富民为本”的民生思想。而市场经济是以信用为基础而存在和健康运行的，从人与人、面对面之间的贸易到运用电子渠道进行贸易，市场经济主体的交流方式、社会的分工模式、资源的调配方式已经发生了翻天覆地的变化，但是市场经济最本质的东西——等价交换原则——始终没有改变，而交易主体的诚信是等价交换顺利运行的必备前提。

诚信是现代文明社会、市场经济社会的基本标志，诚信建设是国家治理体系

① 王充．论衡[M]．上海：上海人民出版社，1974．

和治理能力现代化的重要基石。关键在于通过制度引领促进诚信制度的建设，使诚实守信成为全社会的价值追求和自觉行动。我们党历来重视社会诚信建设，早在2001年，《公民道德建设实施纲要》就把“明礼诚信”作为我国公民道德的基本规范提了出来。党的十六届三中全会在《中共中央关于完善社会主义市场经济体制若干问题的决定》中把“建立健全社会信用体系。形成以道德为支撑、产权为基础、法律为保障的社会信用制度”看作是“建设现代市场体系的必要条件，也是规范市场经济秩序的治本之策”①。党的十八大报告中更是明确地将诚信列为社会主义核心价值观之一，明确了加强社会诚信建设的要求：“加强政务诚信、商务诚信、社会诚信和司法公信建设”②。党的十九大报告对诚信建设又有了新的要求，习近平总书记在党的十九大报告中指出，“推进诚信建设和志愿服务制度化，强化社会责任意识、规则意识、奉献意识”③。诚信不仅是道德问题，也是法律问题，诚信需要德治教化，也需要法治保障。推进诚信建设，要不断采取各类措施推进社会信用体系建设，而加快推进信用立法、完善信用法律法规体系作为社会信用体系建设的基础工程，具有重大而深远的意义。但现今我们所面临着因社会诚信缺失带来的种种严峻挑战，从说假话、失信于人、开假发票、发布虚假信息到考试作弊、学术造假、偷逃税款等弄虚作假现象都表明诚信缺失，严重阻碍了社会经济的发展，严重威胁了社会秩序，严重影响了社会风气。2016年12月，中共中央办公厅、国务院办公厅印发《关于进一步把社会主义核心价值观融入法治建设的指导意见》，针对道德领域突出的诚信危机，明确提出要“加强社会信用体系建设，完善守法诚信褒奖激励机制和违法失信行为惩戒机制”④。在政府、个体、企业、社会群体等各个方面倡导社会主义诚信文化，依法打造“一处失信，处处受限”的惩戒格局，进而使各类信用主体不能失信、不敢失信、不想失信。

当然，如何建立和谐的人际关系、营造友善的社会氛围等，除法治之外，还可以通过学习和反思，从传统的诚信美德中汲取养分，进而提高自身的道德修养，

① 人民日报出版社．公民道德建设实施纲要[M]．北京：人民日报出版社，2001.

② 王佐书．诚信[M]．北京：台海出版社，2014.

③ 秦征，范浩阳，白相国．承德市文明城市创建中志愿服务体系建设研究[J]．品牌研究，2020（2）：143-144.

④ 薛毅，范天珍，郭玉霞，等．公共信用信息标准与法规应用解读[M]．石家庄：河北人民出版社，2019.

自觉守信。蔡元培在教导如何进行道德修养时以“信义”为最先：“德性之中，最普及于行为者，曰信义。信义者，实事求是，而不以利害生死之关系枉其道也。社会百事，无不由信义而成立。苟蔑弃信义之人，遍于国中，则一国之名教风纪，扫地尽矣。”① 从个体人格塑造的基础要求到人与人之间交往的基本准则，再到整个社会、整个国家和谐运行的先行原则，都非诚信莫属。所以，重视诚信教育、加强诚信建设不仅是民众的普遍心声，更是社会发展不可阻挡的大趋势。

立足传统、面向未来，传承优秀文化，坚定文化自信，这是新时代赋予我们的新使命。因此，我们要积极响应党中央的号召，以身作则，诚实守信，大力弘扬中华诚信优良传统，有自觉、有自信、有担当，在人生的道路上牢牢把握住诚信这条延续了千百年的中华民族的做人准则，自觉地把个人的前途命运和中华民族的前途命运紧密联系在一起，将建功兴业的个人梦融入中华民族伟大复兴的中国梦中去。

第四节 中华文化的道德原则

正义是人立身处世的根本，体现了社会的整体利益与个人的人格尊严，是中华民族 5 000 多年来一直遵循的道德原则。公平正义历来是人类孜孜以求的社会理想，中华民族是崇尚公平与道义的民族。孔子在 2 000 多年前就抒发了“朝闻道，夕死可矣”的壮烈感慨和精神追求。

一、正义的含义

乃会意字。其形像脚（止）对着城（口、一)，表示向某地前往，有远行之意，意思像“征”。现在引申意为平正，不偏不斜；还有正心、正直、正确、恰当、公正、纠正等意。

“义”，繁体字为“義”。篆字与繁体字很相似，也属会意字，从羊（祭牲)，从我（兵器)，表示用兵器宰羊作祭品。“義”简化为“义”，原始意是指礼仪，后又改为礼义。所以“义”者，礼也。若将“正”“义”合起来就是以不偏不斜

① 蔡元培．中国人的修养[M]．北京：文津出版社，2013．

的步伐坚定地沿着礼义之路向前迈进。在经史子集中，最早直接用“正义”一词的，大概是荀子。

《荀子·正名》篇中说：“正利而为谓之事，正义而为谓之行。”① 意思是说为功利去做叫事业，为道义去做叫德行。从这句话看“正义”的意思就是为道义而行，也就是以道义为奋斗的目标。《荀子·儒效》中还有：“不学问，无正义，以富利为隆，是俗人者也。”② 这里的“正义”是道德的意思，或者以道德为行为标准之意。

孟子说人有四端，即“恻隐之心，仁之端也；羞恶之心，义之端也；辞让之心，礼之端也；是非之心，智之端也”③。在此四端中，仁义是根本，礼是指行为，智是指对是否合乎仁义与礼的正确判断。义与仁相连为仁义，义与礼相连为“礼义”。由此可见“义”至为关键，是连接“仁”“礼”的。孟子认为说话违背礼义，就是一位自我摧残的人；不能以仁居心，不能由义而行，就是一位自我抛弃的人。朱熹在解读“义人之正路也”时说：“义者，宜也，乃天理之当行，无人欲之邪曲，故曰正路。”④ 由此亦可以说“正义”就是“正路”。人人当依此正路而行。当然若要依此正路而行，心必居仁，心宅仁厚，方能依义而行。心是根本，义是心之延续与扩充。

故正、义连起来，很类似于仁义。“正”在此有正心意，正心者，涤除蒙蔽心的各类诱惑、欲望，使“心”收回来，亦即“求放心”，从而不偏不斜，由此不偏不斜之心，行合乎道义之路。

墨子说：“义者，正也。何以知义之为正也？天下有义则治，无义则乱，我以此知义之为正也。”⑤ 墨子的意思是说，义就是正义，不正何以为义，同时义也必然是正的。正义就是义。

二、正义是常道

荀子说：“仁义德行，常安之术也，然而未必不危也；污僈突盗，常危之术也，

① 荀况著；曹芳译．荀子[M]．沈阳：万卷出版有限责任公司，2020．
② 荀况．荀子[M]．曹芳，译．沈阳：万卷出版有限责任公司，2020．
③ 孟轲．孟子[M]．杨伯峻，杨逢彬，译．长沙：岳麓书社，2021．
④ 孟轲．孟子[M]．杨伯峻，杨逢彬，译．长沙：岳麓书社，2021．
⑤ 墨翟．墨子[M]．曹海英，译．哈尔滨：北方文艺出版社，2018．

然而未必不安也。故君子道其常，而小人道其怪。”[①] 荀子的意思是说，君子多遵循常道，常道即正义之大道，虽然也有凶险，然而凶险小而成就大。小人则不然，多从事非正非义之道，虽然也会侥幸安全，然而能侥幸安全实在是偶然，而且若以因果论，还会给未来积下孽障，不具有可持续性。

孔子也说过：“人之生也直，罔之生也幸而免。”[②] 孔子之意在于告诉人要走正路，走邪路能免于危险者实属侥幸。所以“子不语：怪力乱神。”怪者，奇而非正也；力者，缺德耳；乱者，非治也；神者，甚奇，无须努力而得者。总之怪力乱神都是常危之术，幸免于危险者，都是小概率事件。所以中国文化虽敬鬼神，但敬而远之，一切工作尚须依靠自己。这种薄鬼神、重道德、重仁义的精神正是人文主义的内在要求。

从《荀子·荣辱》中可以看出荀子认为尧、禹之道，常常安全而愉悦。而桀、跖之道则常常危险而受辱。原因何在呢？前者遵循正义之道，后者违逆正义之道。什么缘故呢？一者在于认识能力，二者在于是否贪图享乐。尧、禹仁智兼备，仁心使其有志于为民服务，智慧使其对常道的选择所产生结果有足够的认识，或者对违背正义之路所产生恶果也有清楚的认识。而桀、跖则昧于不仁不智，贪图美色物欲的满足，走了一条危险而受辱的道路。

正义其实就是仁、义、礼、智、信，是社会与人性善恶的标准。《说文解字》曰：“善，吉也。从誩从羊。此与义美同意。”[③] 正义就是善的，非正义就为恶。《左传·隐公六年》中提到要以农夫绝草除根的精神去恶，不使其生长，使善得以弘扬与发展。

“仁”，可以说是义之隐，常常仁义相连。子曰：“惟仁者能好人，能恶人。”“好仁者，无以尚之；恶不仁者，其为仁矣，不使不仁者加乎其身。”[④] 孔子就是以仁作为道德评判标准的。《论语·颜渊》其实既是人类相处的方法，又是人与人之间的道德标准。

荀子说将礼作为最高的准则与道德规范。北宋李觏认为礼也要以正义为标准。信者诚实不欺，恪守信用，能忠信者。朱子认为“信”涵盖四德，体现于四德。

① 荀况．荀子[M]．曹芳，译．沈阳：万卷出版有限责任公司，2020．

② 荀况．荀子[M]．曹芳，译．沈阳：万卷出版有限责任公司，2020．

③ 许慎．说文解字[M]．陈亦儒，译．北京：研究出版社，2018．

④ 孔丘．论语[M]．杨伯峻，杨逢彬，译．长沙：岳麓书社，2018．

因此可以说不信也不能属于正义之列。信也是正义的标准内涵。

《墨子·经上》曰："信，言合于意也。"[①] 意者，义也。意者，得意忘言之义也。得意其实就得其道德之谓也。所以正义包含了诸多内容，其核心就是道德，不合乎道德，无从谈正义；不合乎仁、善、礼、智、信者，也不可谓正义。

（一）正义与王道

《尚书·洪范》曰："无偏无党，王道荡荡。"[②] 意思是说公正不偏，即可实现王道。王道者其实就是能得民心者，内以德服人，外能惩恶扬善者。所以，荀子认为王道本身就是文武兼备。孔子也说一个国家要想立于不败之地，需要"民信""足食与足兵"。"民信"在于以德服人，"足食与足兵"则于有力量坚守与反击，类于"武备"。所以，王道其实包含霸道，霸道在力，王道在德，德力不分则易于征服人心。荀子还讲义荣与势荣，义荣以德为核心，势荣则因权位高而受到尊重，二者合一方可击敌如摧枯拉朽之势。中国之霸道，一是顺义而争力，二是获得成功后一视同仁，甚至越疏远者，越受到关照。从税收角度讲，越疏远者税赋越低。

汉代总结秦亡的历史原因，说："且汤武逆取而以顺守之，文武并用，长久之术也"[③]。主张王道与霸道杂用。

所以，凡合乎正义的统治之道就是王道。对于王道与霸道，其实在中华文化中，二者是合一的，与义利合一相似。合乎正义之王霸道则既能得民心又可扶正抑强。

（二）正义与礼法

中华文化注重家文化，家文化以伦理为本，即父慈子孝、兄友弟恭、男义女贞。以此为基础推及于国于天下而成五伦，即父子有亲、君臣有义、长幼有序、男女有别、朋友有信。此五伦就成为维系社会道德秩序的基础。顺此五伦所建立的礼义规范就是礼，违逆五伦而给予惩罚者就是法，礼主法次，合而为一就是礼法合制。

---

① 墨翟．墨子[M]．曹海英，译．哈尔滨：北方文艺出版社，2018．

② 苏智恒．礼记·尚书[M]．北京：团结出版社，2018．

③ 司马迁．史记[M]．杨燕起，译．长沙：湖南岳麓书社有限责任公司，2021．

礼法合制也叫礼刑合制，也叫德法合制，合制之义在于将道德精神贯穿于礼刑之中，使情、理、法融为一体。此不同于西方之将情、理、德与法隔离开来之“法”，此“法”无道德情理，仅是一由各种势力博弈而得的规则。

所以，在我国历史上无论称之为礼还是法，其实都是礼法合一的整体，只是礼多刑少，或礼少刑重而已。与西方之无道德伦理之“法”完全不同。

正义与礼法精神一致，礼法精神在正义，正义之表现则在礼法。违背正义之礼法是恶法浑礼。

正义者，恰到好处，宜也。因此，礼法既不能陈义过高，也不能禁人所必犯。《淮南子·齐俗训》认为：把过高的尺度作为标准，达不到就处罚；把过重的任务压下来，不能胜利就治罪；把过于危险的且很难的事情作为考验人的标准，不敢上前领受就处罚。民众被上面三条困住了，就会弄虚作假欺骗上级，做邪恶之事触犯上级，所以虽有严刑峻法也不能禁止他们的奸伪。为什么呢？标准太高，力不从心的缘故。

欧阳修在《纵囚论》中说：“尧、舜、三王之治，必本于人情，不立异以为高，不逆情以干誉。”[①] 所以礼法合乎正义，就是要合乎人情，合乎民心。合乎民心，人情礼法才行得通，行得久。在《商君书·说民》中商鞅认为法令要简约，使人明白易知。

法的正义性，还体现在国法面前，人人平等。管子认为明君对于法非常慎重，绝不为亲故权贵而修改法律，官吏也不敢利用权力破坏法律，百姓也不敢利用珠宝贿赂触犯法律。礼法并行，才合乎正义。

荀子也认为，不教育而进行惩罚，那么即使有再多的刑法也制止不了邪恶；只知道教育而不惩罚，那么奸邪之人就有侥幸心理；有惩罚而无奖赏，勤勉守法者便得不到鼓励；奖赏与惩罚若不依据法律，百姓就会疑惑，行为就不一致。

所以说礼法合制，应以礼为主，德义积得多则民心服，刑法多违逆民心。正义的原则正是要求顺应民心，以人民的利益为根本，所以礼法应以积德义为根本。

（三）正义与厚生

厚生主要指与民生相关的经济等问题。内容有二：其一指利义统一，前文已

① 欧阳修．欧阳修文集[M]．申楠，译．北京：北京联合出版公司，2018．

有论述；其二指民本，或者叫重民、爱民等。当然也唯有以民为本，树立为民服务的意识才能称之为是合于义的，才是正义的。正义原则要求永远要以人民为中心，而不是以贵族为中心，更不是以资本家为中心，也不是以少数人为中心。

荀子在《荀子·大略》中提出，天生百姓，不是为了让君主过好日子，而立君主恰恰是为了安民，让百姓过好日子。

汉代贾谊在《新书·大政上》中提出，没有不把百姓作为根本的，国家以百姓作为根本，君主以百姓为根本，官吏以百姓为根本。汉代班固也说认为分封土地、划定疆界所为不是诸侯，而是为了百姓。设立官职，仍然是为了百姓，而非为了官员。在古代，地域广大，人烟稀少，天子分封诸侯便于管理，但目的不是为了诸侯，而是为了安民。同样设置百官，以协助天子共同为民服务，以得民心。

唐代陆贽认为人民是根本，财是其次的，财是为民服务的手段。人民安稳了，财自然也会充裕。根本稳固了，国家自会安宁。

重民、爱民，不是让民不劳而获、不劳而食。恰恰相反，是让民勤俭朴素。依靠人民之力安民惠民。《管子·形势解》曰："明主救天下之祸，安天下之危者也。夫救祸安危者，必待万民之为用也，而后能为之。"[①] 意思是救危解祸在于动员人民，唯有人民被动员起来才能完成。孔子讲的"惠而不废"其实就是这个意思，就是要依靠人民而安人民。

清人唐甄在《潜书·明鉴》中强调了人民与政治的关系。人民是国家的根本，无此根本，疆域谁来守护，谁来充实府库，谁来养活官吏。由此可见，国家必须将安民、用民结合起来，安民之要在于恰当地用民。所以在周朝推行了井田制，在春秋战国时，秦国率先推行了小家庭土地私有制，从而极大调动了农民的积极性。将安民、用民、强国结合起来。安民、用民，才能使国家强大，而国家强也才能更好地安民。安民、用民与强国相辅相成。

《六韬·国务》曰："故善为国者，驭民如父母之爱子，如兄之爱弟。见其饥寒则为之忧，见其劳苦则为之悲。赏罚如加于身，赋敛如取己物。此爱民之道也。"[②] 意思是说民众与国家的关系如一家人，国君乃人民的家长，如父子，如兄弟，设立赏罚如赏罚自己，收税如同从自己身上收取。国君与民众不是统治者与被统

① 管仲．管子译注[M]．耿振东，译．上海：上海三联书店，2018．

② 姜子牙．六韬[M]．冯慧娟，译．长春：吉林出版集团有限责任公司，2016．

治者的关系，更不是阶级关系，而是伦理关系。管子在《管子·版法解》中提到了关于爱民的具体方法，“凡众者，爱之则亲，利之则至。是故明君设利以致之，明爱以亲之；徒利而不爱，则众至而不亲；徒爱而不利，则众亲而不至。爱施俱行，则说君臣、说朋友、说兄弟、说父子。”[①]意思是说爱民与利民兼而有之，这样才能使民众亲近且归附国家。

那么如何利民呢？孟子提出恒产论。孟子在《孟子·滕文公章句上》中提出了给百姓安置适合于自家劳动力的恒产，恒产主要指田宅，这样百姓才会安居好德。“五亩之宅，树之以桑，五土者可以衣帛矣；鸡豚狗彘之畜，无失其时，七十者可以食肉矣；百亩之田，勿夺其时，数口之家可以无饥矣”[②]。这里的百亩相当于现代的30亩地。孟子认为利民莫过要求人民获得土地、田宅，让人民依靠自己的勤劳获得衣食之足。商鞅改革的核心思想即农战目的还是让农民获取土地，通过农耕文化的推广达到对全国的统一。管子的“均田分力”思想还是让“力”与“田”分配得当，既无田野之荒，也无人力之闲置，全身心于农耕。

荀子提出了强本，强本就是以农为本，节用就是节约支出，量入为出。强本节用是利民安民的根本。

以农为本究竟意义有多少呢？一则在天人合一、心物一体价值下进行精耕细作，可以构建人与自然的和谐关系；二则农耕均田分力，社会贫富差距小，易于构建和谐社会；三则勤耕向内求，而非向外求，使民众的品德较之小商大贾为高，勤俭孝悌之美德远比城市为优；四则从事农耕者身体强健，是最好的兵源；五则制人而不制于人，可以自力自给自足，无求于外。可以说农耕的生产方式是一种体用合一的方式，所以也合于正义的原则。

（四）正义与利用

利用者，利用自然资源，并且要用而不竭不枯，可以长久。如果要既能充分利用自然，又能使自然资源生生不息，使人类的开发工作永远限制在自然资源可再生的限度内，就必须树立道法自然的思想。在人为与自然之间，自然应该是第一位的，人为当属于其次。

《孟子·梁惠王上》曰：“不违农时，谷不可胜食也；数罟不入洿池，鱼鳖不

① 管仲．管子译注[M]．耿振东，译．上海：上海三联书店，2018.

② 孟轲．孟子[M]．杨伯峻，杨逢彬，译．长沙：岳麓书社，2021.

可胜食也；斧斤以时入山林，材木不可胜用也。”[①] 孟子之意在说山上之木是可砍伐的，因为山上的树木，越长越繁密，既影响太阳光的光合作用，树根之间又相互争夺养分，影响了树的正常发育，所以砍伐繁茂的树枝与树干，甚至挖掉一些树，不仅不会影响森林的茂盛，反而会促进森林的茁壮成长。关键在于砍伐要适时有度。今日生态环境之恶化的根本原因在于无度与追求效率。

《荀子·王制》曰："圣王之制也：草木荣华滋硕之时，则斧斤不入山林，不夭其生，不绝其长也；鼋鼍、鱼鳖、鳅鳣孕别之时，罔罟毒药不入泽，不夭其生，不绝其长也；春耕、夏耘、秋收、冬藏，四者不失时。故五谷不绝而百姓有余食也；洿池、渊沼、川泽谨其时禁，故鱼鳖优多而百姓有余用也；斩伐养长不失其时，故山林不童而百姓有余材也。”[②] 荀子与孟子的思想是相同的，都在强调要顺应季节的变化进行砍伐与捕捞。

孔子强调过生态伦理思想。曾子同样将人的情感推及于万物，目的仍在要求人类要有节制地利用自然。

老子从根本上反对以提高效率为目的的科学技术，使人不执着在智巧上，也不要企图占有更多的与自己体能不符合的土地。仅生产力所能及的能够满足自己家庭所需的粮食与部分的其他原材料。老子看到了战争的根本原因在于人欲望的膨胀，而科学是纵人欲望的、诱惑人的，科学会使人朝另外一种人压迫人、人掠夺自然、毁灭自然的方向上发展。

庄子从更高的角度，指出了对知识的无限探索会带来的危害，乱自然秩序与损物之性。试看今日的化肥除草剂等，生产它会污染环境，使用它会使土壤板结，还会使粮食质量降低。

所以，《尚书》讲："正德、利用、厚生、惟和。"[③] 这里正德是纲，利用、厚生为目，惟和是目标。正德如同正义，规范、限制利用、厚生，不限制人类就会无休止地开发自然、破坏自然，最后使人与自然、人与人、人与众生等失去和谐，导致人类社会不能和谐、可持续地发展。

---

① 孟轲．孟子[M]．杨伯峻，杨逢彬，译．长沙：岳麓书社，2021．

② 荀况．荀子[M]．曹芳，译．沈阳：万卷出版有限责任公司，2020．

③ 苏智恒．礼记·尚书[M]．北京：团结出版社，2018．

（五）正义与弘文

中国文化因起源于农耕文化，完成于家文化。所以崇尚天道，不违天时，因地而制，注重勤俭、孝悌、均平。劝人积善行义，而且由近而远，由易而难。诸如“尽人事，听天命”“道德根于孝悌”“己所不欲，勿施于人”等。既合乎道，又易实行。道德教化从孝悌开始。试想人生中对于我们有莫大恩情者，莫过于父母。若对父母不知敬爱、不知感恩，何来爱他人的情义？而人也正是因感恩父母、敬爱父母，才亲爱与父母相关的各类亲属，从而使爱心伴随亲情的扩大而推及于亲属、乡里、国家、天下。

同样，伴随我们成家立业、生儿育女，我们也将这种慈爱推及子女、推及未来。正是这种孝悌的纵横性，我们的文化具有了“天下性”与“可持续性”。孝悌伦理，既是一种爱心，又是一种责任，这种爱心与责任驱使我们，一定要构建一个美好的社会，此即“志于道”，亦即要立志将无道之天下变为有道之天下，从而使我们父母、子孙能有一个幸福的社会环境。为此，我们不应该苟且偷生，要义重如山，要像我们的祖先学习，是他们为了我们的幸福，筚路蓝缕，艰苦奋斗。这种为子孙谋幸福的精神代代相传、薪火相续，从而成了我们的文化传统。而要“志于道”，又必须修好德行，修德之根本又在孝悌，在能以“己所不欲，勿施于人”的精神待人，还要学会更多的具体本领，即“游于艺”。概括而言，就是“志于道，据于德，依于仁，游于艺”[①]。因此，中华文化具有了道德性。弘文就是弘扬中华文化，也就是弘扬敬鬼神而远之、重人文、薄鬼神、不拜物的人文主义，亦即弘扬具有天下性、道德性、可持续性的中华文化。这种文化不仅具有民族性，更具有普世性，是为人类大众服务的，极具正义性。

在历史上重视文教者，首推汉武帝，汉武帝以抗击匈奴为其伟业功绩而载于史书。然而，试想若无“罢黜百家，独尊儒术”，何以来孔子之至高无上的尊严？何以建立太学？何以确立以举孝廉为核心要求的察举制？何以扭转汉朝七十余年因推行黄老之治而形成的诸侯与巨商大贾尾大不掉的局面？因此，武帝文治武功兼而有之，且功劳大矣！

其次则莫过于唐太宗。唐朝承袭隋朝的历史文化遗产与教训。诸如三省六部制、科举制、均田制与租庸调制等，虽兴于隋朝，但后来都完成且盛于唐。太宗

① 孔丘．论语[M]．杨伯峻，杨逢彬，译．长沙：岳麓书社，2018.

即位不久，就“置弘文馆，精选天下文儒，令以本官兼署学士，给以五品珍膳，更日宿直，以听朝之隙引入内殿，讨论坟典，商略政事，或至夜分乃罢”[①]。

贞观二年（公元628年），唐太宗下诏书停止庙祀周公为先圣，开始在国子监内设孔子庙堂，按照汉魏以来的旧典，尊仲尼为先圣，尊颜回为先师。广泛招收天下的儒士，赏赐他们钱帛并提供驿传方便，让他们到京城做官。学生如能精通大经中的一种就可做官。唐代的科举，将五经分为大中小三经：大经有《礼记》《左传》；中经有《诗》《周礼》《仪礼》；小经有《易》《书》《公羊传》《穀梁传》。在国子监内，增加了四百余间学舍，设置了完整的科目，即国子、太学、四门、广文、律、书、算七科，并置博士。招收各类官员与非官员子弟为生员。唐太宗也经常前往，与祭酒、司业及博士进行讨论。讲完后，广赐绢帛。四面八方的儒士都带上书赶来，数以千计。不久之后，吐蕃、高昌、高丽、新罗等国首领也派遣其子弟申请入学，于是国学之内，击鼓上课打开书箧进入讲席的，几乎达万人，儒学如此兴盛，前所未有。

汉代王充认为不研究历史与现状，对问题的看法就不会准确。他还说：“观《春秋》以见王意，读诸子以睹相指。”[②]可见，五经中之《春秋》与诸子百家对于为政者是多么重要。学史方可知兴替。历史的演变是循环往复的。王夫之认为有渊深的见识，才能洞见历史发展的规律。

要学习古代的历史文化，不学习就不明白兴盛与衰亡的道理，不明白兴衰的道理，就不会有正确的治国思想，思想不正确，何来太平之天下呢！王夫之甚至说：“古无不学之天子。”即便如此，也不乏昏君，也不乏乱世。因为在知与行之间还有距离，能知行合一者，还是不容易的。当然在历史上，还有历史周期气数之使然的情况，生不逢时者，也大有人在。

对儒学之推崇，不仅可以知人、知己、知天下之兴替，更重要的还有教化民众的意义。孟子说：“仁言不如仁声之入人深也，善政不如善教之得民也。善政，民畏之；善教，民爱之。善政得民财，善教得民心。”[③]

《淮南子·主术训》曰：“以正教化者易而必成，以邪巧世者难而必败。”[④]张

① 吴兢．贞观政要[M]．陈虎，李宝，唐黎明，译．长春：吉林大学出版社，2021．

② 刘配书，陈昌才．治国理政箴言[M]．北京：北京联合出版公司，2015．

③ 孟轲．孟子[M]．杨伯峻，杨逢彬，译．长沙：岳麓书社，2021．

④ 刘安．淮南子译注[M]．陈广忠，译．长春：吉林文史出版社，1990．

之洞在《劝学篇》中说："窃惟古来世运之明晦，人才之盛衰，其表在政，其里在学。"[①] 张之洞的意思正是强调弘扬中华优秀传统文化的重要意义。不弘扬中华优秀传统文化，不学习古代的文化，何来人才之辈出？何来政治之清明？

荀子认为圣人是思想的枢纽。天下的思想都统一在圣人这里了。"言是"，就是言正义。《诗》是合于正义而说志向与理想的；《书》是合乎正义、合乎道德，而说政事的；《礼》是合于正义，规范行为的；《乐》是合于道德标准而和谐心情的；《春秋》是以道德为标准，通过隐微精深的语言而隐喻对人事的褒贬的。《国风》之所以不失于流荡，原因在于坚守正义而有所节制；《小雅》之所以不失其正，就是遵守正义而修饰润泽的缘故；《大雅》之所以为大雅，是因为遵循正义，而要发扬光大的缘故；《颂》之所以为登峰造极的作品，是因为合乎正义并贯通上下的缘故。

所以，弘文之意正在于弘扬《五经》，弘扬圣人之学。圣人之学皆合乎大道，从之无所不通，无所不由。以正义而节制贪之者、过之者、甚之者而已，从而使天下万物并行而悖，各得其所，永续和谐。

① 赵寿强．张之洞诗稿详注（上）[M]．石家庄：河北人民出版社，2018．

第三章　中华文化铸牢与传承的载体

本章内容是中华文化铸牢与传承的载体，主要从四个方面做了介绍，分别是中国文学、中国古代哲学、中国古代艺术与科技、中国饮食文化与中医药文化。

第一节　中国文学

文学是通过运用语言文字来进行艺术性创作的一种方式，它能够生动地展示客观事物，并通过作家的情感、思考和价值观等元素反映出来。它包含多种不同的形式，如诗歌、散文、小说、剧本、寓言童话等，这些形式能够以不同的方式来表达人们的情感体验以及特定时期和地域的社会生活。

一、古典诗词

中国古典诗词有其独特的魅力。诗词凝集了中华民族的伟大智慧和人文精髓，也包含了中华民族的精神。林语堂曾说，“中国是一个没有宗教的国家，但它是一个以诗歌为宗教的国家”[①]，可见中国古典诗词的魅力。中国人传统上就是以诗歌吟诵来学习语言和文字的，如儿童学习《百家姓》，也是从一些如《三字经》等经典上口的诗句中向儿童传输道德教育。古典诗词以它不可取代的情感魅力和美之集大成者的魄力巍然屹立着，历经岁月的风雨飘摇，沉浮跌宕，但其魅力的光芒从未泯灭，诗词是中华文化群星中最璀璨的一颗。

（一）意境美

意境美是中国古典诗词的魅力之一。古人在古典诗词的意境美方面是追求极致的，很多诗词给我们刻画的是具有画面感的意境，令人浮想联翩。

---

① 陈向春．吟诵与诗教 [M]．长春：东北师范大学出版社，2015．

1. 画面感

唐代诗人柳宗元所写“千山鸟飞绝，万径人踪灭。孤舟蓑笠翁，独钓寒江雪”，在读者脑海里就是一幅画，是一幅一目了然的山水画：冰天雪地寒江，没有行人、没有飞鸟，只有一位老翁独处孤舟，默然垂钓。仔细品味，这洁、静、寒凉的画面却是一种遗世独立、峻洁孤高的人生境界的象征，其深刻内涵令人起敬。

2. 艺术感

《全唐诗》中存诗仅两首的张若虚，以他的千古名篇《春江花月夜》为历代读诗人推崇，1 000 多年来使无数读者为之倾倒。诗篇题目就令人心驰神往。春、江、花、月、夜这 5 种事物集中体现了人生最动人的良辰美景，构成了诱人探寻的奇妙的艺术境界，表现出一种情高韵远的意境美。作者运用自身感官，采用多种艺术手段使大自然的万物都具有丰富的神韵美。这首诗被闻一多先生誉为“诗中的诗，顶峰上的顶峰”①。

3. 动态感

我们可以将韩愈所写的“天街小雨润如酥，草色遥看近却无。最是一年春好处，绝胜烟柳满皇都”试作一组动画连拍。在这组动画中，首先播放的是一幅细雨图，它看起来遥远而无法真切感受，但雨滴渐渐地飘落，小草也从地里冒出，近距离看又和远方一样模糊朦胧。诗人巧妙地运用“似有若无，似动若静”的瞬间特性，将春天悄然而至的感觉凝聚至了“草色遥看近却无”这七个字中。读者仿佛目睹了大量嫩绿色的小生命汇聚在一起，慢慢地成长壮大，最终茁壮成长到“胜过烟柳，遍布皇都”。这种生动的表现方式可以让读者感受到动态的形象美。

（二）韵律美

最早的中国诗歌并没有格律的限制，到了唐朝，由于以诗歌作为科举的手段，出现了对音韵句法的严格规定，称为格律。自此，中国古典诗词在形式上和艺术上都上了一个新的台阶。

诗词格律主要包括三部分内容：音调、用韵、章法。其中以音调最为重要。声韵的考究从齐梁时代开始。齐梁时代的诗作承袭“赋”而来，用字十分绮丽，但是对声韵更是苛求。古典诗词中的结构和节奏，是音调的动态表现。

① 陈侃．国学经典精神家园丛书：唐诗三百首[M]．呼和浩特：远方出版社，2017.

诗词歌赋中特别注重韵律，我们可以称之为押韵或压韵。押韵是一种在诗歌或歌曲中使用的技巧，具体而言是通过在某些句子的末尾使用韵母相同或相似的字或通过让平仄统一的方式，从而创造出优美和谐的音效，以使朗诵或演唱更加优美动听。为了使诗歌更具音乐性和易于记忆，近体诗强调押韵并注重音律美学。在古代，人们通常会阅读由政府出版的韵律指南书籍，如《唐韵》《礼部韵略》和《诗韵集成》等。这其中，《新刊韵略》可谓享有盛名，这本书由南宋王文郁所写，它被广泛使用，人们通常称之为《108部平水韵》。

很多古诗都是偶数句押韵，律诗是二、四、六、八句押韵，绝句是二、四句押韵，无论律诗还是绝句，首句均可以押韵或不押韵，读起来都是朗朗上口的。例如，张志和的《渔歌子》："西塞山前白鹭飞，桃花流水鳜鱼肥。青箬笠，绿蓑衣，斜风细雨不须归。"短小精悍的篇幅、轻快明朗的节奏、流畅的语感将一幅清新的画面、一份愉悦的心情展露无遗。

1.《声律启蒙》

从古至今，《声律启蒙》和《笠翁对韵》都是训练儿童作诗对句、掌握声韵格律的最佳启蒙读物。两书不仅话语简单、声调和谐、节奏响亮，而且按韵分编，内容广泛，包罗天文、地理、花木、鸟兽、人物、器物等的虚实应对。此外，两书还融进了大量的神话传说和历史故事，以及许多常见的典故和俗语。蒙童熟读之后，即能领会平仄对仗，学做对联和诗词，达到"熟读唐诗三百首，不会作诗也会吟"的理想效果。

《声律启蒙》是我国古代的一本对儿童启蒙用的教科书，为清康熙年间车万育著。其特点是全书选用常用的字、词和典故，编成分韵排列、平仄协调、对仗工整、义理健康的联语，读来抑扬顿挫，朗朗上口，使得人们能于诵读中对我国古典诗词的押韵、平仄、对仗三个最重要的特点产生潜移默化的感性认识。也许正是因为这一点，《声律启蒙》作为学写诗词的入门书流传久远而不衰。

2.《笠翁对韵》

《笠翁对韵》是从前人们学习写作近体诗、词，用来熟悉对仗、用韵、组织词语的启蒙读物。作者李渔号笠翁，仿照《声律启蒙》写成，因此叫《笠翁对韵》。全书分为上下卷。按韵分编，从单字对到双字对、三字对、五字对、七字对到十一字对，声韵协调，朗朗上口，从中得到语音、词汇、修辞的训练。

（三）风格美

风格各异也是中国古典诗歌魅力的构成者，中国古典诗歌的风格大致有雄浑、婉约、典雅和平淡 4 类。

1. 雄浑

雄浑风格的诗词饱含着炽烈的感情，写景叙事，极排比铺陈之能事，布局运笔变化多端，充满着强烈气势。如杜甫《画鹰》："素练风霜起，苍鹰画作殊。㧐身思狡兔，侧目似愁胡。绦镟光堪擿，轩楹势可呼。何当击凡鸟，毛血洒平芜。"此诗通过对画鹰的描绘，抒发了作者那疾恶如仇的激情和凌云的壮志。这种豪放是指豪迈放纵的风格，具有热烈奔放的感情、大胆奇丽的想象及恢宏的气魄。

2. 婉约

婉约风格是一种委婉曲折，甚至情致缠绵、音调谐婉的艺术表达方式，具有细而柔、细而曲的特点。如钱起的《归雁》："潇湘何事等闲回，水碧沙明两岸苔。二十五弦弹夜月，不胜清怨却飞来。"作者通过咏雁抒发羁旅他乡的哀愁，创造出悠缓缠绵、凄清哀怨的幽美意境。词中婉约类风格的作品更是不可胜数，柳永的《雨霖铃·寒蝉凄切》为抒写离情别绪的千古名篇，也是柳词和有宋一代婉约词的杰出代表。

3. 典雅

典雅风格的诗词高雅脱俗、感情真挚。其代表作品有王维的《和贾舍人早朝大明宫之作》："绛帻鸡人报晓筹，尚衣方进翠云裘。九天阊阖开宫殿，万国衣冠拜冕旒。日色才临仙掌动，香烟欲傍衮龙浮。朝罢须裁五色诏，佩声归向凤池头。"这首和诗写了早朝前、中、后三个阶段，写出了大明宫早朝的气氛和皇帝的威仪，同时还暗示了贾至的受重用和得意。作者不和其韵，只和其意，雍容伟丽，造语堂皇，格调十分谐和。

4. 平淡

平淡风格的诗词表达的感受与自然景物融合无间。平淡风格形容作品是专门讨论表现技巧的，即诗人在描摹客观对象时，要把握客观对象的本质，恰当真切地表现它们的内涵精神，如李商隐的《蝉》："本以高难饱，徒劳恨费声。五更疏欲断，一树碧无情。薄宦梗犹泛，故园芜已平。烦君最相警，我亦举家清。"这首描写蝉的咏物诗，紧紧把握了蝉的特征，融入了作者的情感与思考，呈现了真正的“以情感驱动文字”。“精神”一品所体现的艺术特色在于必须刻画出神采烈焰、卓尔不群的风格，要求作品中表现出精神上的振奋和活力，使所描述的艺术对象生动活泼、具备生命力和灵气。诗歌风格的流动美在很大程度上来自以下因素：作者的情感充沛而贯通，思路畅通而变化，语言自然而含蓄，音节悠扬而循环往复，这些要素汇聚在一起，创造了诗歌的韵律之美。

古典诗歌以其独特的魅力向我们展示出一个绚烂多彩的世界，我们不仅从中领会到语言文字的美丽，更体会到为人处世的道理。诗词当中对人生的感慨诠释着一代又一代文人对生命的认知，浓缩以诗词作者为代表的人们对真善美精神境界的高度向往。

二、古典戏曲

历经几百年坎坷与辉煌的元曲、昆曲、京剧艺术，留给我们听觉、视觉的享受。戏曲艺术的美，不只是一段唱腔或唱词的美，必须有肢体表演形态、配乐韵律，还有服饰，从而形成整体的美。戏曲表演中，戏曲的音乐韵律是主导。音乐韵律调动表演者的肢体形态，感染唱腔、唱词，使之把戏曲艺术的美统一在欣赏者的感官中，让人产生浓厚的兴趣，达到审美的愉悦，陶醉其中。

（一）元曲

元曲是中华民族灿烂文化宝库中的一朵灿烂的花朵，它在思想内容和艺术成就上都体现了独有的特色，和唐诗、宋词、明清小说鼎足并举，成为我国文学史上一座重要的里程碑。

继唐诗、宋词之后又一文学之盛的元曲有着它独特的魅力：一方面，元曲继承了诗词的清丽婉转；另一方面，元代社会使读书人位于“八娼九儒十丐”的地位，政治专权，社会黑暗，因而使元曲放射出极为夺目的战斗的光彩，透出反抗的情绪；锋芒直指社会弊端，直斥“不读书最高，不识字最好，不晓事倒有人夸俏”[①] 的社会，直指“人皆嫌命窘，谁不见钱亲”的世风。元曲中描写爱情的作品也比历代诗词来得泼辣、大胆。这些均足以使元曲永葆其艺术魅力。

元曲的兴起对于我国民族诗歌的发展、文化的繁荣有着深远的影响和卓越的

① 邓元煊，肖猷洪．元曲[M]．成都：四川辞书出版社，2020.

贡献，元曲一出现就同其他艺术之花一样，立即显示出旺盛的生命力，它不仅是文人咏志抒怀得心应手的工具，而且为反映元代社会生活提供了人民群众喜闻乐见的崭新的艺术形式。

在元朝时期，元曲的创作达到了空前的高峰。通常来说，元曲涵盖了元杂剧以及散曲这两个艺术形式。尽管杂剧和散曲归属不同的文学体裁，但它们在某些方面具有相似之处。因为杂剧和散曲都运用了北曲的演唱方法，所以有时候它们也被归为乐府的范畴。尽管元代文学主要采用散曲形式，但元杂剧的成就和影响范围要比散曲更广。因此，有些人将“元曲”一词约定俗成地限定于元代戏剧，也就是说，“元曲”专指“元代戏曲”。

在元代时期，元曲这种广受民众喜爱的文艺形式流行起来，它也被称为“夹心”。这种艺术形式包括杂剧和散曲等艺术形式，而有时元曲也可以用来泛指杂剧。杂技是一种演出方式，其在宋代时主要以幽默搞笑为特色，到了元代则逐渐进化为戏曲的演出形式，在大都地区广泛流行。每本都以四折为主，同时在开头或分节处添加楔子，每折都由同一宫调和韵律的北曲配以宾白组成，如《窦娥冤》。明清时期，也出现了杂剧，但是没有限制只能为四折。散曲是元、明、清三代广泛流行的一种曲子形式，其特点是没有明确的宾白。该文体主要用于表达情感，包含小令和散套两种形式。

最初，元曲是一种源自民间音乐的艺术形式，当时常被称为“蕃曲”或“胡乐”。它最初是通过民间传说在普通百姓之间传播的，人们称之为“街市小令”或“村庄小调”。当元朝征服宋朝并统治中原之后，这种文化开始向南北广阔地区扩散，以大都（今北京）和临安（今杭州）为中心。元曲的格律规定非常精确，每一类曲牌都有其独特的语句、字数和音节平仄要求。尽管需要遵循一定的规定格式，但并非僵化固执。修辞手法可以在规定范围内灵活运用，有些曲子还可以添加音符，同时使用平仄和通押来营造韵律。相较于律诗绝句和宋词，元曲具有更强的灵活性。

（二）昆曲艺术

戏曲一脉贯承中国文学传统，是中华文化中已经深入民族性格的一部分。昆曲是我国最古老的剧种之一，发源于元末明初苏州昆山的曲唱艺术体系，糅合了唱念做打、舞蹈及武术的表演艺术，现在一般亦指代其舞台形式昆曲，素有“百戏之母”的雅称。昆曲以鼓、板控制演唱节奏，以曲笛、三弦等为主要伴奏乐器，其唱念语音为“中州韵”，北曲遵“北中州”，南曲遵“南中州”。

昆曲在600年间上承宋金院本，下启今日各地剧种，是中国戏曲艺术最高的典范。600年来，昆曲在音乐和文学上的成就早有前人总结，而随着东西方交流的兴起，近世学者更是关注它所形成的东方表演体系。这种表演体系是独特的，也是博大精深的，足以让每一个中国人去了解、去赞叹、去骄傲，也足以让我们拿起摄影机去记录、去表现、去宣传。在某种程度上，昆曲的历史就是一部中国戏剧史，对昆曲的记录，就是对中国戏曲的记录。

昆曲是一种曾在全国范围内广受欢迎的剧种，经历了多年的挫折和磨难，然而它却奇迹般地重新兴起。这一现象可以归结为它非凡的艺术魅力，尤其是在音乐方面，这是昆曲所取得的首要艺术成就。昆曲有着优美的韵律，具有缠绵婉转、柔曼悠远的特点。在歌唱技巧方面，昆曲强调对声音的控制，以及在演唱过程中合理运用节奏的快慢变化和清晰地发音，同时也为演唱情境匹配了多样化的背景音乐。

昆曲在我国元末、明初就已流行，经过不断改革，创造出一种细腻、轻柔的腔调，称为“水磨腔”。水磨腔柔美而缠绵，配上主乐竹笛的悠远之声，令人飘然。

昆曲“南北合套”的使用很有特色：一般情况是北曲由一个角色应唱，南曲则由几个不同的角色分唱。这几种南北曲的配合使用办法，完全从剧情出发，使音乐尽可能完美地满足戏剧内容的需要。

在演唱技巧上，昆曲的唱腔含蓄典雅，采用了长句与短句的对比法，使唱句形成落差，又疏密相间，缠绵如水，轻重缓急，委婉悠长。昆曲注重声音的掌控和调整，在节奏加减、发音清晰准确等方面十分讲究。此外，昆曲强调运用各种不同的腔法，如“豁”“叠”“擞”“嚯”等，以及采用不同的角色表演方式，展示出不同角色的情感和特性。南北曲中的常见板式节拍包括三眼板、一眼板、流水板和散板等。不过，南曲中的“赠板”则特别将四拍子的慢曲减缓一倍。在舞台上演唱时，这些歌曲会有许多变化，以适应当前的戏剧情节和角色表现出的情感。

昆曲的乐器配置较为齐全，大体由管乐器、弦乐器、打击乐器三部分组成。昆曲的伴奏乐器以曲笛为主，辅以笙、箫、唢呐、三弦、琵琶等。昆曲的主奏乐器是竹笛，那绕梁婉转的笛子声、悦耳脆亮的京胡音，配合着韵律的念白、优美的唱腔，让人沉于戏曲艺术的醉美之中。

昆曲本质上属于联曲体结构，也常被称作“曲牌体”，大约有 1 000 多种曲牌在表演中被使用，包括南北曲牌。这些音乐调子的渊源十分丰富，包括大曲、词调、宋代唱诈、诸宫调等古老的音乐和舞蹈形式，还包括来自各地的民歌和少数民族歌曲。它以南曲为主体，融入了北曲的曲式，并且巧妙地使用了“犯调”“借宫”“集曲”等手法进行创作。

昆曲的表演也有它独特的体系、风格，它最大的特点是抒情性强、动作细腻，歌唱与舞蹈的身段结合得巧妙而和谐。轻描淡写的昆曲舞蹈讲究内敛，是一种端庄娴雅的古典美。那旦角，配合轻薄、淡雅的服饰，慢摇花扇，飘然如杨柳轻扬，柔美万千。在语言上，该剧种原先分南曲和北曲。南昆以苏州白话为主，北昆以大都韵白和京白为主。

昆曲是一门源自南方的传统戏曲形式，它属于南戏系统，表演者按照不同的角色类型可以被归为七大类：生、旦、净、末、丑、外和贴。《扬州画舫录》中提到了“江湖十二行”的称呼，涵盖了各种职业和身份。其中，“男脚色”包括副本、老生、正生、老外、大面、二面和三面等七种类型。女性演员通常被归为老生、正剧、小品和花旦这四个角色类别。还有一个名为“杂”的角色，专门负责打诨。南方昆曲日益壮大，小生和旦角逐渐成为主角，因而两种艺术形式的差异更为显著。小生行有五种不同的职业，分别是大冠生、小冠生、巾生、鞋庆生（穷生）和雉尾生。旦行可以分为六种不同的类型，包括老旦、正旦、作旦（扮男孩角色）、四旦（擅于动作戏）、五旦（擅长宫廷戏）和六旦（善于塑造丰富多彩的角色）。不过，不同的昆曲流派都有自己的门类。

昆曲的剧本文学继承了古典诗词的经典传统，具有描写景色和感情的独特风格，昆山腔表演时也能表现这种特点。因此，昆曲表演中的情感内涵十分深刻，而不同角色的表演动作则具有高度的舞蹈性。这种戏曲舞蹈继承了古代民间和宫廷舞蹈的传统，经历了长时间的演出实践，积累了丰富的技艺，将歌唱和舞蹈完美融合，形成了严谨的“载歌载舞”表演形式。

昆曲的舞蹈表演具有双重作用：第一，为了达到演出要求，昆曲从业者创造了许多感人至深的舞蹈表演，成为许多以表达情感为主的音乐剧的主要工具。《西川图·芦花荡》《精忠记·扫秦》《拜月亭·踏伞》《宝剑记·夜奔》和《牡丹亭·惊梦》等戏剧作品都是具有代表性的作品；第二，许多舞蹈表演为了符合讲述故事和呈现场景的需要，更加强调描绘性，并与戏剧元素相融合，从而构成更加富有情节的独立表演。《虎囊弹·山亭》《连环记·问探》《荆钗记·上路》《浣纱记·寄子》《西游记·借扇》《琵琶记·扫松》都是该种类型的典型代表作。这种舞蹈表演的成功与不同角色之间的合作密不可分。

昆曲舞台美术在人物造型上，可包括服装式样丰富、色彩和装饰的讲究以及脸谱的使用三个方面。

昆曲的舞台布置十分朴素，通常只需要一张桌子、两座椅子，再搭配上帐篷或者布幔等小道具即可。通过象征性的转化，桌子可以被视作山丘的代表，形成楼台的延伸；椅子也可以被用来当作平台或者通道。即便受到限制，剧作家和演员仍然尝试了一些大胆的方案。举例而言，李渔的作品《蜃中楼》的第五出规定，在演出时，演出者需要先准备一个精巧设计的蜃楼并将其放置在舞台后方。当演出开始时，演出者需要在后台释放烟雾，接着快速把道具搬至舞台前方。一旦烟雾消散，蜃楼便会显露出来，演员们会受到指示要保持冷静，不要仓促行事。此外，《长生殿》和《桃花扇》的很多场景中都需要特定的舞台装置来突出和表现剧情和人物。因此，昆曲舞台美术的成功在于采用许多手段，强调角色形象的特点；次要一点的是舞台装置的运用。直到现代时期，这个领域才开始迎来快速发展的全新阶段。

（三）京剧艺术

京剧艺术传承了部分昆曲艺术，有京、昆不分家之说。京剧的美由几千年文明内敛而成，唐诗的风、宋词的韵，以及堤岸杨柳如烟、小楼挂月清酒、小舟琵琶夜浓、一曲歌舞伴君梦……

京剧唱腔强调抒情性，嗓音宽高、清亮，圆润脆甜，音色极其纯净而饱满。其唱腔融合了“西皮”与“二黄”特别是梅派韵味的唱腔，更显妩媚柔婉，顺畅平稳，节奏明快，秀丽舒展，旋律优美。京剧念白是抑扬顿挫，字句分明。品味念白，能分出喜、怒、忧、思、悲、恐、惊来，那京味的念白真是字字珠玑。京剧的主奏乐器是京胡。精彩的舞蹈，还有那珠光闪闪、丝帛纷呈、七色生辉的刺绣服饰，百变的花脸，让人目不暇接，如痴如醉。

梅兰芳大胆设计梅派舞蹈，把传统舞蹈的轻歌、曼舞引入京剧旦角，在《贵妃醉酒》的绣扇舞、《霸王别姬》的双剑舞、《天女散花》的绸带舞等优美的戏剧舞蹈中，尽展女性的柔美风姿。

三、古代散文名篇

中国的散文源远流长，数量之大，浩如烟海。言简意赅的《论语》、汪洋恣肆的《庄子》、“史家之绝唱，无韵之离骚”的《史记》。除此之外，还有历代文学大家的传世之作，这些文学殿堂中的瑰宝将引领学习者感受中国文字的神奇魅力。

随着文学的演进，散文这一文学类型的意义和范围也在不断变化和扩展。在我国古代，与韵文、骈体文不同的非韵律性文章被归为“散文”。这一范畴不仅包括文学类作品，还包括所有非文学类作品，诗、词、曲、赋除外。古代中国的文学划分方式是：散体文学指那些不使用押韵和重排偶的文学作品，如经书、传记、历史书籍等，其与韵文和骈文有明显区别。

我国古代散文的发展历程久远。殷商时代有了文字，也就有了记史的散文。到了周朝，各诸侯国的史官进一步以朴素的语言、简洁的文字记录了列国间的史实，如《春秋》。以后，随着时代的演变，产生了描述现实的历史文学，这就有了《左传》《国语》《战国策》等历史著作。

（一）先秦散文

先秦历史散文为中国的历史文学奠定了基础，对后世历史家和古文家都产生了极为深远的影响，包括诸子散文和历史散文。诸子散文以论说为主，如《论语》《孟子》《庄子》；历史散文是以历史题材为主的散文，凡记述历史事件、历史人物的文章和书籍都是历史散文，如《左传》。春秋战国之交是社会大变革的时代，各种学术流派纷纷著书立说，争论不休，形成百家争鸣的局面。代表不同阶级或阶层的思想家的著作，促进了说理散文的发展。这些流派有儒家、墨家、道家、法家等，记载他们言论的书流传到现在的有《论语》《孟子》《墨子》《庄子》《韩非子》等。

先秦诸子的说理散文无论在思想上还是在艺术风格上，都对后世散文的发展产生了显而易见的影响。

（二）两汉散文

西汉时期，司马迁的《史记》把传记散文推到了前所未有的高峰。东汉以后，开始出现了书、记、碑、铭、论、序等个体单篇散文形式。

汉初，政论散文有所发展。贾谊是西汉初年杰出的文学家，他的文章《过秦论》总结了秦代灭亡的原因，汲取了秦末农民起义的教训，发展了先秦的民本思想。他的散文善用比喻，语言富于形象性。

除贾谊外，汉初还有不少散文家，他们的文章大多或论秦之得失，或针对时弊，提出自己的主张，其中以晁错和邹阳成就较高。以晁错主张募民备塞的《守边劝农疏》《论贵粟疏》两篇散文最为著名。

汉武帝的年代实行“罢黜百家，独尊儒术”，这是因为封建王朝急需整合古代文化，以提供哲学和历史的阐释，并融合到整个皇朝的统治中。因此，司马迁得以写出《史记》。它的出现使得先秦历史散文达到了又一个高峰。《史记》对东汉时期的历史散文产生了重要影响，使得此后的历史发展过程中出现了许多这类作品。其中，班固所著的《汉书》则是一部杰出的历史散文代表作品。

汉代出现了一种新的文体“赋”。“赋”的名称始于战国赵人荀卿的《赋篇》，到后代形成了特定的体制。讲究文采、韵节，兼具诗歌和散文的双重性质。接近散文的称“文赋”，接近于骈文的称“骈赋”。

魏晋南北朝时期，骈文盛行，散文衰落。但在郦道元的《水经注》和杨衒之的《洛阳伽蓝记》等学术著作中仍有一些质朴的叙事、抒情、写景的优美文字。

（三）唐宋散文

在古文运动的推动下，散文的写法日益繁复，出现了文学散文，产生了不少优秀的山水游记、寓言、传记、杂文等作品，著名的“唐宋八大家”也在此时涌现。

唐朝韩愈大力反对浮华的骈俪文，提倡作古文，一时从者甚众。后又得柳宗元的大力支持，古文创作业绩大增，影响更大，成为文坛的主要风尚，文学史上称其为古文运动。以韩柳为首的古文运动的胜利，树立了一种摆脱陈言俗套、自由抒写的新文风，大大提高了散文的抒情、叙事、议论、讽刺的艺术功能。

中唐以后，古文运动一度衰落。到了宋代，欧阳修再一次掀起了古文运动。此后的王安石、曾巩、苏轼、苏洵、苏辙等人都在古文革新运动的影响之下取得了各自的成就，后人将他们与唐代韩愈、柳宗元合称为“唐宋八大家”。

王羲之的《兰亭集序》、陶渊明的《归去来兮辞》、王勃的《滕王阁序》、李白的《春夜宴桃李园序》、刘禹锡的《陋室铭》、范仲淹的《岳阳楼记》、欧阳修的《醉翁亭记》、苏轼的《前赤壁赋》等，这些作品对中国人的文化影响是十分深刻的。

北宋的历史文学家司马光编有一部历史巨著《资治通鉴》，它除具有史学价值外，还非常具有文学价值。

在北宋文化名人的启发下，南宋的散文家相继撰写了一些政论文章，其中一部分内容是上书献言，旨在表达作者的鲜明政治立场。这个领域的代表作家有胡铨、陈亮和叶适。因为古文运动的胜利，散文开始更加贴近现实生活，而这也就是南宋时期大量笔记和杂文兴盛的原因。在笔记杂文领域中，洪迈的《容斋随笔》、王明清的《挥尘录》是非常出色的作品。另外，朱熹是一位善于论述、学识深厚的古文大家，其古文作品重说理，往往使读者受益匪浅。

（四）明代散文

先有“七子”以拟古为主，后有唐宋派主张作品“皆自胸中流出”，较为有名的是归有光。

明初的宋濂是“开国文臣之首”，他的一部分传记文很有现实意义，比较著名的作品有《秦士录》《王冕传》《李疑传》等。明中叶以后，针对程朱理学、八股文的束缚，以李梦阳、何景明为首的前七子发起“复古运动”，倡导文必秦汉。他们在对扫荡八股文风起到一定积极作用的同时，又走上了盲目模拟古人的路子。后来以李攀龙、王世贞为代表的“后七子”复古运动，再一次重复了他们的错误。

归有光等“唐宋派”首先起来反对复古派，进而是万历年间的公安派也加入猛烈抨击拟古主义的队伍。

公安派以袁宗道、袁宏道、袁中道为代表，时称“三袁”，其中袁宏道最为著名。他们认为，不同的时代有不同的文学，因此反对贵古贱今，模拟古人。袁宏道更出于作家的主观要求，提出了“性灵说”。公安派的散文创作特点是冲破传统古文的陈规旧律，自然流露个性，语言不事雕琢。

（五）清代散文

以桐城派为代表的清代散文，注重“义理”的体现。桐城派的代表作家姚鼐对我国古代散文文体加以总结，分为13类，包括论辩、序跋、奏议、书说、赠序、诏令、传状、碑志、杂说、箴铭、颂赞、辞赋、哀奠。

明末清初，侯方域的散文取得了较高的艺术成就，代表作有《李姬传》《马伶传》《任源邃传》等。

清初有不少成绩突出的散文家，如王猷定、魏禧。王猷定的传奇性散文以小说传奇体打破了传统古文写法，代表作有《李一足传》《汤琵琶记》《义虎记》等。魏禧以人物传记最为突出，代表作是《大铁椎传》。

桐城派古文是清中叶最著名的一个流派，主要作家方苞、刘大櫆、姚鼐都是安徽桐城人，桐城派因此而得名。方苞继承归有光的传统，提出“义法”主张，并使之成为桐城派古文的基本理论。桐城派古文作品选材用语只重阐明立意，而不期堆砌材料，因而文章一般简洁自然，但缺乏生气。代表作品有方苞的《狱中杂记》《左忠毅公逸事》，姚鼐的《登泰山记》，等等。

与桐城派对立存在的是提倡“骈文”的复社作家，汪中是其中成就最大者。

康有为、梁启超为清末改良运动的代表人物，也是学术上改良派的代表作家。他们的散文无视传统古文的程式，直抒己见，畅所欲言，是政治斗争的有效工具。梁启超的新体散文更是对一切传统古文的猛烈冲击，为晚清的文体解放和“五四”的白话文运动开辟了道路，他的《少年中国说》即是这样一篇典型作品。

中国古代散文源远流长，有着极其辉煌的发展史，在中国文学史上作为正统文学占有非常重要的位置。古代散文成熟于春秋战国，当时出现了以诸子散文和史传散文为主体的第一个古代散文创作高峰，成功地记述传播了诸子百家的学术思想，记录了中华文明的沧桑变化，总结的经验教训启发和警示一代又一代的后人。中国古代散文创作的绚丽光辉和丰富多彩，以其极高的艺术成就为我们提供了学习与鉴赏的范本，也是中华文化传承的重要载体。

第二节　中国古代哲学

一、中国古代哲学的范畴体系及其特点

（一）中国古代哲学的范畴体系

中国古代哲学在其发展的过程中，构筑了一个相互联系的整体哲学范畴体系。这一范畴体系是中华民族在认识客观世界的过程中逐渐形成的，反映了中华民族理论思维和认识外部世界水平逐渐深化的过程。根据北京大学李中华教授在《中国文化概论》一书中的概括，这个范畴体系基本由以下五个方面构成。

第一，属于宇宙论方面的范畴：阴阳、五行、天、天道、理、气、太极等。

第二，属于本体论方面的范畴：有无、体用、一多、本末、动静等。

第三，属于知识论方面的范畴：知行、能所、言意等。

第四，属于历史哲学范畴的：王霸、义利、理势、理欲等。

第五，属于人生论（或道德哲学）范畴的：仁、义、礼、智、诚、心、性、情、欲等。

这五个方面的概念范畴相互交叉，形成中国哲学的范畴网络。

中国哲学范畴体系的形成是一个从单一的范畴向对偶性或相对性范畴过渡的过程，是一个从抽象到具体的思维逻辑过程。人类的思维，在其形成范畴的过程中，是从单一的范畴开始的。自然界和社会现象都是以单一的整体形态呈现在人们面前，然而任何对象的单一形态实际上都包含着质、属性等差别，是一个复杂的多层次的单一体。随着人类思维和认识水平的提高，在认识了对象的同一性后，需要进一步从同一性中把握差异，这样，原来单一形态范畴已经不能反映同一体内部的对立统一关系了，这样单一形态的范畴便向对偶性或相对性范畴过渡，形成了中国哲学范畴系统中的阴阳、道器、有无、理气、心物、形神、心性、理欲、善恶、性情、名实、知行、王霸等范畴。这些单一的形态的和对偶性或相对性的范畴经过不断地整合，经过进一步地从抽象到具体的思维加工，最后形成了十二个基本范畴：天、道、理、气、体、用、一、多、心、性、知、行。这十二个基

本范畴可以作为中国哲学的中心观念，它起着中国哲学范畴之网的网上组结的作用。

中国哲学范畴之间的交叉蕴含关系，尤其以人生哲学范畴交叉最广，它几乎构成全部的扇面，而它的核心概念是心、性、命。由此，我们就不难理解中国哲学何以人生哲学最为发达了。

（二）中国古代哲学范畴体系的特点

中国哲学范畴的形成和发展是中华民族认识自然、社会的思维结晶。中华民族在哲学逻辑思维方法、体系结构的方式以及理论侧重等方面的特点，使得中国哲学范畴体系具有鲜明的民族特点，中国人民大学人文学院哲学系张立文教授把这些特点概括如下。

1. 整体的和谐性

《易传》揭示了中国哲学天、地、人的统一和谐生成过程，“有天地，然后有万物；有万物，然后有男女；有男女，然后有夫妇；有夫妇，然后有父子；有父子，然后有君臣；有君臣，然后有上下；有上下，然后礼义有所错。”[①] 这是一个由天地自然万物到家庭以及国家和礼义等级秩序的整体化和谐过程。这个进程的内在根据，就是人可与天地相参。这种整体和谐思想贯穿在中华文化的各个领域，也渗透在中国人的思维方式中，因此也成为中国哲学范畴体系的特点。

2. 传统的延续性

中国哲学范畴延续千余年，但先秦哲学提出的天人、道器、有无、阴阳、性命、仁义、动静、常变、知行、心物等重要范畴到明清之际，无论从形式还是从内容上都保持了比较稳定的状态，这是因为，中国哲学范畴具有传统的延续性。

3. 结构的有序性

一是指范畴的排列在时间上与空间上的有序性；二是指范畴排列的逻辑次序。《周易》中的《序卦传》就是从六十四卦的结构中，依照时间和空间做有序的排列，这些概念范畴之间相互联系、相互作用，从而构成了整体结构的次序。

① 刘云超．《周易》与儒学[M]．北京：生活·读书·新知三联书店，2018．

二、中国古代哲学的基本特征

中国古代哲学派系庞杂，众说纷纭，即使是各流派内部，在许多问题上往往互不一致。但是相对于西方哲学，中国古代哲学还是有其基本特征的，当然这些基本特征只具有相对的意义，不能将其绝对化。概括起来说，中国古代哲学有以下五个基本特征。

（一）重人生

中国古代的哲学家常常从生活实践出发，研究各种哲学问题，因此特别注重人生的研究。儒家哲学中所讲的心、性、情、气、意、良知等，都表示对人生、人性以及人的生命的一种认识；道家从另外一个角度给予人生以极大的关注，理想的人生境界——精神的逍遥与解脱，是道家矢志不渝的追求。那飘逸洒脱、高洁绝尘的风骨神韵，历来是道家所向往的人生境界；佛教则把追求净化超升，从而达到“涅槃”境界，作为人生的终极目标。把儒家的真性、道家的飘逸、佛教的超脱融合起来，就可以体会出中国古代人生哲学的境界。

（二）重实践

知行关系是中国古代哲学家特别关注的问题之一，它所涵盖的是理论理性和实践理性的统一。中国古代哲学家偏重于践行尽性，履行实践。孔子讲，“知之者不如好之者，好之者不如乐之者”[①]。所谓“乐之”，就是依其所知以实践，而获得一种乐趣。中国古代哲学家的兴趣不在于建构理论体系，不只是把思想与观念表达出来就达到目的，而在于言行一致、知行统一，自己所讲的与自己身心的修炼必相符合。

（三）重道德

中国古代哲学从本质上讲可以说是一种道德哲学。无论是儒家的三纲领（明明德、新民、止于至善）八条目（格物、致知、正心、诚意、修身、齐家、治国、平天下），还是道家的修道积德，无不以道德实践为第一要义。通过道德实践，可以提高人的道德修养，从而达到社会整体关系的良性互动——君仁臣忠、父慈子孝、夫敬妇从、兄友弟恭、朋友有信。

---

① 孔丘．论语[M]．杨伯峻，杨逢彬，译．长沙：岳麓书社，2018．

（四）重和谐

在中国古代哲学中，倡导和谐是一项一直坚持的传统。《易传》讲“乾道变化，各正性命，保合太和，乃利贞”[①]。这里的“太和”，指的是至高无上的和谐以及最完美的和谐状态。而在张载看来，“太和所谓道，中涵浮沉、升降、动静相感之性，是生絪缊、相荡、胜负、屈伸之始”[②]。太和就是指道，就是最理想的状态，也是最好的整体和谐状态。这种和谐状态涵盖了浮沉、升降、动静和相感等特性。因此，它是一个整体和动态的和谐，也是在更高层面上的和谐。中国传统哲学注重人与自然的协调，并强调人际关系的和谐。“天时不如地利，地利不如人和”，孟子主张要以和谐为重，通过和谐处理君臣、父子、夫妇、国家和民族之间的关系，以实现人与人之间的和谐相处。这种和谐状态被认为是最高的境界。儒家认为，要实现理想中的和谐社会，最重要的是要坚持“持中”原则。通过理解并秉持中庸之道，人们可以在个人与自然、人际关系、社会与天道等方面达到和谐和平衡。这也是中国古代哲学的基本精神之一，被称为“极高明而道中庸”。

（五）重直觉

中国古代哲学更注重将理论与实践相结合，关注的不是形式上的严密推理和逻辑系统，而是实际生活中的体验和主体感知。长期的实践和体验，让人们有了深刻领悟，曾经的疑问和不解也都得到了答案，平凡生活中的感悟互相联系了起来，于是这些收获和领悟就被记录下来，成了今天我们还能够阅读到的哲学作品。由于中国哲学著作的记录形式是以所得所悟为主，因此其表达方式多为文章断片，缺少西方哲学著作那种严密论证和逻辑结构。这些哲学思想是哲学家们通过深思熟虑和自我领悟所得到的结论，包括：孟子的“天人合一”和“道”的观念，强调认知本性和培养高尚品质；庄子的“天地与我并生，而万物与我为一”；魏晋时期玄学家所谓的“言不尽意”“得意忘象”的思想；等等。这些思想的意义非常深刻，用简单的词汇无法精确地表达，人们只有通过主体的价值观，经过深入的理解和体验，才能真正领悟它们的内涵。中国禅宗强调传承中国哲学中独特的直觉特质，这体现在以下两个方面：一是领悟内心本质后达到觉悟的“明心

① 刘云超．《周易》与儒学[M]．北京：生活·读书·新知三联书店，2018．

② 卢德平．中华文明大辞典[M]．北京：海洋出版社，1992．

见性”；二是在现实生活中实现佛法教义的“立地成佛”。这两个方面的发展完全依赖于人们的直觉和顿悟。

三、中国古代政治哲学的三个主题

中国古代政治哲学有三个主题，即“天民合一”“天德合一”和“天礼合一”。在我国，从西周至春秋时代，并没有出现以“正义”为中心的讨论，而是提出了一些特有的论述，如天和民、天和礼、天和德的关系等。这些虽然还未形成政治哲学的体系，但无疑已经是具有政治哲学意义的论述和命题；这些论述和命题构成了儒家古典政治哲学的背景和前提，和古希腊前期政治哲学形成了对照，对后世中国政治哲学的发展产生了深远的影响，中国人注重“德”在政治领导上的作用便是如此。

（一）天民合一

“民之所欲，天必从之”。在古代的政治哲学中，注重君民之间的互动，并集中讨论统治与顺从的议题，是为了确保国家的领导地位。对于统治者而言，君臣关系问题属于治理方式的问题。在君臣关系的讨论中，涉及的议题不仅限于治理方式，还涉及政治合法性的核心问题。根据“天民合一”理论，君主的合法统治建立在民众的认同和支持上，这种认同和支持被视为天命的体现。换言之，只有当统治者受到民众的普遍认可时，他们才能够实现真正的合法统治。人民的意愿是构成天命的重要因素，因而也是统治合法性的根本基础。

（二）天德合一

中国古代政治哲学中的一个重要议题是“天德合一”。“皇天无私，唯德是辅”是“天德合一”思想的体现，它强调天意深受德行所影响，对人世的帮助与关怀也取决于德的高低。孔子后来强调了“为政以德”，这就强调了政治行为必须符合正确的道德准则和良好品德的要求。这一观点更加清晰地表达了中国古代政治传统自西周以来一直坚持的道德和品德在政治领域中的重要性。在孔子出现之前的时代，“德”在治理中发挥了至关重要的作用。这是基于道德准则所确定的权威，即“天”的权威，得以实现的。

（三）天礼合一

“天礼合一”的思想体现为“夫礼，天之经也，地之义也，民之行也”[①]。按照这种看法，人世社会的秩序与原则“礼”来自更广大的自然（天地），合乎自然界的本性和秩序。其所以如此，是因为人所制定的“礼”是模仿、依照天地及五行六气的结构属性而形成的。天地四时五行所代表的自然的法则是更高的、更普遍的及支配一切的，这种古希腊后期称为自然法的普遍法则，在我国古代称为“天地之经”，亦称“天道”。人世间的政治规范、伦理原则和行为必须与之相一致，符合天之经、地之义。而人世之礼能自觉符合天经地义，人的行为就会对整个天地自然构成一种“协和”的作用。“天礼合一”的思想，是思想家对于人世之礼的一种诉诸天经地义的论证和支持。就我国古代而言，这种思想的实际效果主要不是把天和人、自然和人为对立起来，以自然批判人为，而是以自然支持人为，故自然和人为之间没有对立；而在理念上，人为应当符合自然并协和自然，这成为主导政治思考的哲学基调。

四、中国古代哲学的成就

先秦哲学主要指先秦至汉初这一时期的哲学。在诸子蜂起、百家争鸣的环境下，产生了儒、道、墨、名、法、阴阳、纵横、农、杂等各家，其中最为重要的是儒、墨、道三家。先秦儒家思想奠定了整个儒家学说的基本格局，奠定了中国政治哲学、道德哲学和历史哲学的基础，对中国传统文化的形成和发展产生了极其深远的影响。

在中国历史上，道家一直是儒家的强有力的对手，二者长期对立。从先秦时期开始，道家便建立了一套与众不同的思想体系，并经历了长达 2 000 年的历史演变，对中华民族的心理、思考方式和精神产生了深远的影响。在先秦时期的道家学派中，老子和庄子是最具有代表性的两位人物。老子和庄子的哲学开创了中国哲学中关于自然的观点，对中国哲学中的存在论和逻辑方法产生了深远的影响。他们强调探索人生的哲学，反对等级观念、宗教制度和专制思想，并格外重视自

① 陆学艺，王处辉．中国社会思想史资料选辑（宋元明清卷）[M]．南宁：广西人民出版社，2007.

由。这些思想观念深刻地影响了中国知识分子的心理，并逐渐成为中华文化内核的重要组成部分。

纵观中华的文化历程中，先秦时期是一个重要的发展阶段，其中儒家思想占据了主导地位，这推动了两汉时期经学的兴起，也是中华文化史上首次融合不同思想派别的尝试。天人感应论塑造了儒家天人共通的哲学理念，并赋予其神秘的氛围。该理论强调恪守三纲五常的伦理规范，重视弘扬人与人之间的仁义道德价值观，并把个人修养视为基础。它明确提出了以社会管理的视角，促进和规范了先秦儒家修养理论的实践发展。又倡导运用阳明之道，废弃阴险的处理手段，同时抬举儒家学说为唯一信仰，以期维护封建专制的君权，这说明儒家思想已经发展到了一个崭新的层次。

宋明理学不仅继承了儒家思想，更将其发展和提升到了一个新的高度，并注入了全新的思想力量和精神内涵。这种理论的含义和价值不仅值得我们认可，更值得我们赞赏。在封建社会后期，官方哲学理学的一些观点被统治阶级滥用，最终演变成了压抑人的天性并支持封建专制主义的工具。这导致了我国社会和人民饱受沉重苦难。中国古代哲学经历多次重要的演变，最终在宋明理学时期达到了巅峰，但此后停滞不前，被视为中国古代哲学的终结。

中国哲学的性质及中华民族的特征，均受到中国哲人的历史背景所影响。中国哲学强调以推崇天命为出发点，以阐明人性和社会生活，进而展现鲜明的世俗性格。中国哲学关注人的生死存亡等重要问题，这使得中国哲学家总是充满忧虑和关切。《易传》作者对前人哲理作品中的巫史性格进行了深刻的体察，指出当一个人轻易地行动时，可能有未知的隐患存在。古代中国人的思维传统充满理论性，虽然他们注重人际关系和日常生活，但他们总是追求世俗生活以外的深层次意义。“究天人之际，通古今之变，成一家之言”①，这是古代哲人学术理想的典型体现；“为天地立心，为生民立命，为往世继绝学，为万世开太平”②，这是古代哲人自觉使命的典型体现。

中国哲学与哲人的特质也形成了中国哲学“国家不幸哲人幸”这样一种历史发展轨迹。从中国哲学与中国社会的关系来看，所谓“国家不幸”的时代，可以

① 司马迁．史记[M]．西安：陕西旅游出版社，2003.

② 唐代兴，唐梵凌．论语思想学说导论[M]．上海：上海三联书店，2019.

看作是时代给出重大哲学课题的时代；所谓“哲人幸”，可以看作是哲人们在回应时代重大课题的过程中富有活力的思想创造活动。

每当中国哲学处于这样一个集中发展时期，学派之多，人才之盛，思想之自由，学术之开阔，都会达到一个高峰。中国哲学之兴衰系于中国社会之兴衰，同时也造就了民族精神的个性与内涵。

第三节　中国古代艺术与科技

一、中国古代艺术

（一）中国古代艺术在中华文化中的地位

艺术作品是记录社会发展、历史进步、人类进步的结晶，又是诸要素的协调配合而形成的和谐体。文化作为一个庞大的系统是由许多子系统组成的。从整体上看，文化大系统由物质文化、制度文化、精神文化三大要素构成，同时其中还存在很多较低层次的子系统。从精神文化的层面上看，它还包括哲学、宗教、科学、艺术等诸多子系统。值得注意的是，这一切子系统均处在整个文化大系统之中，不仅会被文化大系统进行一定程度上的影响与制约，还会对文化大系统产生一定的影响。特别需要注意的是，其中的文化子系统本身尚且处于一个复杂的相互关系中，相互之间会产生较为密切的影响，存在内在联系性、互动性。这些文化子系统就是在这样一个基础之上形成的相对独立性以及各自发展的规律性。

艺术作为人类特有的文化形态或者文化现象在人类文化大系统之中占据着十分重要的位置。另外，需要注意的一点是，艺术与人类几乎是一同诞生的，也就是在那一瞬间，艺术以文化中的较为独特的一部分，一直存在于人类的发展历史当中，并不时地施加自身的影响，进而在一定程度上有效推动了人类的发展，这也就充分反映与体现出人类文化的各个历史发展阶段的具体表现。因为艺术存在的特殊性，所以艺术也会不可避免地受到文化大系统的影响。艺术本身属于文化大系统的子系统，仅仅是文化整体的一个有机构成部分，也是某种状态下社会特有的文化范畴。文化系统具有整体性，这就会在很大程度上对其下属子系统发挥决定性的作用，不可避免地依附于文化大系统之中。对艺术而言，社会文化大系统是一个整体的文化氛围或者说是文化条件，它会直接限制作家、艺术家与读者、观众等每个个体的“文化心理结构”的生成，由此间接地给艺术的配合和鉴赏带来了极大的冲击。

基于文化结构的角度进行研究，我们能够发现人类文化大系统本身会表现为以物质文化为根本、制度文化为介质、精神文化为内核。物质文化与制度文化会一同对精神文化产生影响，因此经济、政治对精神文化具有巨大的影响。仅就精神文化内部而言，艺术与哲学、宗教、科学等学科也存在一定程度的联系。艺术同他们的这种内在联系具体表现为：会受到诸多类型的精神文化的熏陶，并且，艺术本身又会反过来影响它们。

（二）中国古代艺术在世界文化中的地位

对于艺术来说，其自身的民族性就是要用自己民族所特有的艺术形式、艺术手法对现实生活加以表现，从而使文艺作品本身能够展现出足够明晰的民族气派与民族风格。很多时候，以民族性为表现特征的艺术作品，是建立在该民族文化艺术传统和审美意识的基础上的，在对相关艺术作品进行创作的时候，主要是运用传统艺术形式而创造出来的，它的存在主要是为了展示该民族人民的生活、思想感情及艺术审美情趣等。

我们要清醒地认识，到西方文化对于经济落后民族具有难以抗拒的吸引力。正确地认识艺术的民族性和世界性之间的辩证关系，有着十分重要的现实意义。

第一，要保持艺术民族性，既不妄自菲薄也不妄自尊大，不因自己民族的艺术曾经哺育了其他的民族文化就蔑视被哺育的民族文化；第二，要重点关注本民族的民族性的保持，但是在此过程当中也需要对他民族艺术的精华进行一定程度上的关注，并选择合适的时机对其他民族艺术的精华进行吸收与融合，但是在这一过程当中需要注意绝不能将本民族的民族个性消解。对于不同的民族来说，只要彼此之间存在交往活动，艺术也必然会存在沟通与交流。一般而言，艺术的民族性，只有当我们和其他民族接触时，当我们在世界艺术这个大舞台上不断变换舞姿时，我们才能真正焕发出迷人的风采。

为了促进本民族艺术的发展与进步，就需要坚持不懈地将其他民族艺术的精华吸收进来。同样我们还应该清醒地认识到，一些民族艺术和民间艺术也不是世界性的。世界上没有哪个民族是至高无上的，这些民族互相影响、共同发展，不同的民族艺术有着自己的发展道路。

民族性存在于世界艺术这一伟大舞台上才具有意义，如果脱离了这一舞台，艺术的民族性会受到很大程度的影响，并且艺术的世界性也会因此而丧失。

（三）中国古代艺术的特征

1. 中国古代艺术的思想特征

中国的各种传统艺术都是中国数千年文化中的珍品其中存在的文化精神十分重要，令我们受益匪浅。

（1）中国传统艺术蕴含着天人合一、道法自然的思想

在诸多艺术类型之中，人类并不是其中最为重要的观照对象。需要明确的一点是，人类只是一切事物中的一种，它和一切事物一样顺天命于天。天是唯一的主宰。人站在天地间，时刻需要遵循天理、取法自然，这是艺术的至高境界。对于音乐而言，没有什么比“天籁之音”和“此曲只应天上有”的境界更高的了。但雕塑、建筑、绘画等造型艺术都讲求“师法自然”，最终目的是领悟其中的意旨，多注重主观心得，力求表现上的神似，所以从整体上讲，这些作品都具有写意性。贯穿艺术血脉的是“道”，“道”追求的是自在之境，是自然，是灵魂的反思。各类艺术形式在发展过程中能够互相渗透、交流融通，是因为所有的艺术形式都是“道”所衍生的。

（2）艺术始终受礼的约束

中国古代艺术的内核是“道”，而中国文化精神的外壳是“儒”，儒的核心是“礼”，所以艺术表现不能不受制于礼。可以看到，在建筑的领域到处都是“礼”的规范和束缚：规模、形制、色彩、装饰都有一定之规。音乐本来就是作为统治手段跟“礼”并列的，强调的是教化作用。雕塑、绘画、书法也一样，青铜时代和陶俑时代的雕塑作品正是“礼”的产物。考察中国古代艺术史不难发现，越是分裂战乱的时代，越是艺术异彩纷呈活跃繁荣的时代。统一的时代，艺术作品多数风格僵化雷同，盛而不繁，这正是约束大小的缘故。

（3）兼容并蓄的包容精神与和谐共存的诉求

中国的艺术发展史是兼容并蓄的历史，外来艺术元素不断地进入中国艺术之

体，音乐、雕塑、建筑都是如此。这种精神体现了一种自信，有容乃大，是一种大国气度。如果我们再进一步内视，就会发现在这“大”里面包含了无数的对立：精致是美，稚拙也是美；庄重是美，随意也是美；工笔是一体，写意也是一体；法度是法，突破法度也是法；雅俗共存，刚柔并济……这些矛盾对立并不冲突，而是和谐共处、互相补充，体现了一种大和谐的和合之境。这就如同阴阳共存于道。兼容并蓄和和合之境是紧密关联的，和合之境正是各种矛盾对立都能包容渗透的结果。一滴水虽小，却可以折射太阳的光辉，那么，我们就能够直观地想象出在中国古代艺术的长河中，折射出来的辉煌究竟如何夺目。

2. 中国古代艺术的审美特征

艺术是人类审美意识最集中、最典型的物态化表现，是人类自由自觉地创造审美价值、生命理想之境的特殊实践方式。古往今来，先人在认识自然、改造社会、完善人自身的同时，创造出丰富多彩的艺术作品，它们不仅凝聚了艺术家独创性的劳动，也表达了人类的审美理想和生命旨趣。随着人类社会生活的不断发展，生命追求的不断深化，审美意识的不断推进，人类艺术创造也在不断地丰富和发展。从美学角度划分，中国艺术大体可以分为阳刚之美与阴柔之美两类。其中，阳刚之美是一种壮美，它的特征表现为看起来大、雄、壮、威。阳刚之美，可以唤起人们愉悦的心情，振奋人心。比如，青铜器装饰、颜真卿与柳公权的楷书、打击乐演奏的音乐都以反映阳刚之美著称。阴柔之美即秀美，它的特征是使人有娇柔小巧之感，并从中感觉到美。比如，在原始彩陶在造型与装饰上、园林在建筑与布局上，以及行书与草书在线条上等方面，都充分显示出了阴柔之美。在中国古代艺术中所有体现出的阳刚之美与阴柔之美都有着相应的历史渊源，简单来说，阳刚之美的诞生受到了儒家思想的影响，相比之下，阴柔之美的诞生则在很大程度上受到了道家思想的影响。

3. 中国古代艺术的艺术特征

一般而言，我们认为中国艺术的最高境界就是“和”。其中，不仅有不同人之间的“和”，也有人与社会之间的“和”，并且包含了人与宇宙的“和”。中国古代艺术家以“和”为基本精神去感悟人生，以艺术形式去表达“和”，并以“和”为最高艺术的层次。在书画方面，始终追求整体布局协调。另外，戏曲中大团圆的结尾也正是对和谐追求的一种表现。

中国古代艺术门类所表达的“和”和“中”相联系，很多艺术门类追求“中和”状态，而“中”则体现了对艺术中心的追求。在古典建筑里，一切建筑都要基于中线进行对称陈设，还需要有比别的建筑更高的主体建筑存在；在绘画中，总是要把主要的人或景加以强调；书法应在“每字中立定主笔”。

艺术本身只是一件可以启发人进行想象的事物。准确地说，艺术应当先要体现人的观念，然后再由人按照其性质特征，在其观念中创造出对应的形象，并最终产生出相应的艺术价值。

在不同的人文环境和历史背景下，人们塑造出来的艺术形象会有很大的不同，这主要取决于人们对艺术的鉴赏和艺术产生的根源。不同的国度，人们对艺术的理解会有所不同。

二、中国古代科学技术成就

中华民族拥有无比辉煌的古代文明，并且在历史长河当中存在许多卓越的科技发明和创造，闪耀着人类文明长河的光芒。我国是世界上最早由奴隶制度发展到封建制度的国家。春秋战国时期，生产工具不断改进，铁器也得到了广泛的使用，也正因如此，有力地推动了农业生产的不断发展，并使得奴隶制解体。在人类历史上，封建社会科学文化的最高成就是由我国创造的。其中，农学、医学、数学、天文学是我国古代的四大自然科学。自商周时期开始，伴随着春秋战国的发展，经过了秦汉南北朝和隋唐等阶段，直至宋朝达到顶峰，中国古代科技一直处于不断发展和进步之中。明清时期，受海禁及闭关锁国等对外政策的影响，是古代中国科技的衰落时期，西方科学技术传进我国。

（一）数学

南朝的祖冲之利用刘徽的“割圆术”，更精确地算出了圆周率 π，即 $3.1415926<\pi<3.1415927$。

魏晋时期的数学家刘徽发明了“割图术”，他取 π 值 3.14。他还发明了线性方程组的新解法，提出了不定方程问题，建立了等差级数前 n 项和公式。

朱世杰，中国元代数学家。1299 年编撰成中国第一本算学启蒙，从四则运算到天元术，形成了较完整的体系。1303 年，他又写成了《四元玉鉴》，把天元术推广为“四元术”，这是一种高次方程的解法（最高可包括4个未知数）。欧洲到1775年才提出同样的解法——消元法。美国科学史家萨顿（Sarton）评价他所著的《四元玉鉴》是整个世界中最杰出的数学著作之一。

秦九韶，中国数学家。1247年完成著作《数书九章》，其中的大衍求一术、三斜求积术和秦九韶算法是有世界意义的重要贡献，表述的一种求解一元高次多项式方程的数值解的算法——正负开方术，即开高次方和解高次方程，领先英国霍纳（1819年）551年。

李治，中国数学家。著有《测园海镜》，是中国第一本系统改述“天元术”的巨书。

《孙子算经》是中国古代重要的数学著作，系统论述了筹算记数制。

（二）天文学

张衡，中国东汉时期的天文学家。对在宇宙结构的认识上，张衡是浑天说的代表人物之一。他认为：天像个鸡蛋壳，地像鸡蛋黄，天大地小，他认为天壳之外还有无限的宇宙。张衡设计和制造了漏水转浑天仪、候风地动仪，并对日月星辰做了许多观测和分析。他测量出了太阳和月亮的角直径是周尺的1/736，即29"24'。他统计出在中国的中原地区能看到的恒星约有2 500颗。国际天文学会为了纪念张衡对天文学的突出贡献，将月球上的一个环形山命名为“张衡环形山”。

郭守敬，中国元代杰出的天文学家。他创制了高表、玲珑仪、观象台计16种仪表，仪器专门测量天体使用。还制作了简仪，现存紫金山天文台。郭守敬测定了黄赤交角。法国科学家皮拉普拉斯（Laplace）提出黄赤交角变小理论。丹麦天文学家第谷（Tycho）所做的同类测量比郭守敬晚300年。

石申，战国时期的天文学家。石申第一部天文巨著《天文》，西汉后被人们尊称为《石氏星经》。书中标有121颗恒星的位置，书中还记有水、木、金、火、土五大行星的运行及交食等情况。石申编制了最早的星表。并称之“少阳”已认识到能自身发光。

刘焯，隋代天文学家。他创制了《皇极历》。他首先考虑到了日、月视运动的不均匀性，创立了等间距二次差内插法，计算日月视运动的速度，同时把差岁改为75年差一度。

一行，唐代天文学家。他编制出一部新的历法《大衍历》，包括 10 篇历议，是古代非常先进的历法。早在公元前 13 世纪，中国人以太阳和月亮运动为依据，创立了一种阴阳历法。

杨忠辅，南宋时期天文学家。他创制了《统天历》。他确定回归年长度为 365.2425 日，并发现回归年长度有消长现象。

洛下闳，汉代天文学家。他改创了赤道式仪器，定下了赤道式浑天仪的基本结构。

苏颂，宋代天文学家。他和韩公廉合作制成了天象仪及水运仪象台，是中国古代第一架天象仪。有 8 人高，每层有门，一到时间门开，木人出来报时（后面有漏壶和机械系统）。

（三）机械

鲁班（建筑），春秋战国时代鲁国人，姓公输，名班，是中国古代著名的建筑师。鲁班他有很多发明创造，如木工用的锯子、曲尺、墨斗、刨子、铲子、铺首、钻、凿等，攻城用的可活动的云梯。相传，锁也是鲁班发明的。

喻皓（建筑），亦称预浩，出生于杭州，是中国五代末年、北宋初年的建筑师。他设计的最杰出的建筑是北宋国都汴梁（今河南省开封市）安远门内开宝寺中的灵感塔。他还写了一部木工手艺的书《木经》，共 3 卷。他有造塔鲁班之称。

莘七娘，在 10 世纪时发明了松脂灯（孔明灯）作为打仗时的信号灯，这是中国人最早利用热气球。同时发明了走马灯，这是航空燃气涡轮的始祖。

马钧，三国时期魏国杰出的机械设计和创造家。他创制了龙骨水车（又叫翻车），能连续提水灌溉用的水机具——桔棒。结构非常巧妙，有天下之名巧之称。

（四）地质学

裴秀，在中国最早创立了绘制平面地图的理论“制图六体”，并绘制了《禹贡地域图》。

沈括，宋朝科学家。石油命名最早由他提出。沈括发现用细线系在磁针的中央，并将其悬挂起来，经过观察、发现，写进了他的著作《梦溪笔谈》中。以后人们把用磁铁制作的针称为指南针，还有指南桌。13 世纪，意大利人马可·波罗在东方见到了指南针，并把它传到了欧洲。

（五）物理学

杜诗（公元 31 年）创制了利用水力推动风扇鼓风的设备排水，是世界上最早的水力鼓风机，比欧洲早了 1 100 年。

浦元（三国时期）首创淬火技术，使钢刀坚韧而有弹性。

墨子（公元前 400 年）提出光是直线传播的论点。《墨子》一书论述了杠杆平衡，提出光是直线传播的论点。

（六）四大发明

毛泽东同志在《中国革命和中国共产党》第一章第一节指出："在很早的时候，中国就有了指南针的发明。还在一千八百年前，已经发明了造纸法。在一千三百年前，已经发明了刻版印刷。在八百年前，更发明了活字印刷。火药的应用，也在欧洲人之前。"

1. 指南针

指南针就是用来区分方位的简易器具。脱胎于司南。主要部件为一磁针，安装在轴上，可自由旋转。磁针受地磁场影响，能始终处于磁子午线的切线方向之上。磁针北极在地理上指向南极，用这种特性就能分辨方向。多用于航海、旅游和军事等。

我国是世界一致认同的最早发明指南针的国家。一般来说，我们认为指南针是我国古代劳动人民在经过长期实践之后，对物体的磁性有了充分的认识，最终创造出的产物。简单来说，人们在生产劳动中接触磁铁矿并开始认识磁性质。最早发现磁石对铁有吸引特性，后发现其指向性。经多方试验研究，最终研制出一种实用指南针。

在最开始的时候，指南针只是由天然磁体制成，而这也正表明我国古代劳动人民较早发现天然磁铁与这些磁铁所具备的吸铁性。我们通过很多古籍中的记载能够明显发现，早在春秋战国时期就因处于社会变革时期而使生产力获得长足发展，尤其是农业生产繁荣，从而带动采矿业和冶炼业的蓬勃发展。磁石的性质是当时的人们经过长期生产实践才了解的。人们也据此创造出了世界上最早的指南针，被称为司南。

在我国诞生的最早的指南针理论就是以阴阳五行学说为理论基础的"感应

说”。11 世纪中叶，我国伟大的科学家沈括在其《梦溪笔谈》中介绍了指南针人工磁化的方法，并叙述了磁偏角的发现以及指南针架设的方法等，但是对于指南针何以指南并未探寻到原因。后来文人学者以阴阳五行学说为基础，并考虑到当时人对于大地形状的理解，又提出了多种指南针理论。

2. 造纸术

造纸术在人类文明史中是一项卓越的发明。我国养蚕织丝历史较长。我国古代劳动人民对上述蚕茧进行抽丝织绸处理，其余恶茧和病茧均采用漂絮法生产丝绵。漂絮结束后篾席留下少量残絮。漂絮次数增多时，篾席残絮就会堆积成纤维薄片，晒干后剥去，即可书写。此类漂絮副产物量少，古书上称为赫蹏、方絮。说明中国造纸术与丝絮有一定的关系。

东汉时期的蔡伦，根据前人总结的丝织品造纸的经验，以树皮、破渔网、破布、麻头等为原料，制成了适于写字的植物纤维纸。蔡伦改进了造纸术，也正因此，使得纸张在之后逐步成为人们最常用的书写材料，也常被人称为“蔡侯纸”。造纸术是在 12 世纪间接地传入欧洲的。13 世纪蒙古人在波斯以蔡侯纸发行了最早的纸币。14 世纪朝鲜、越南和日本等国也有纸币的应用。随后，纸牌又通过阿拉伯国家传播到欧洲。

3. 火药

火药是隋唐时期我国古代炼丹家所发明的，至今已有 1 000 多年的历史。火药研究始于远古道家炼丹术，古人追求长生不老炼制丹药，其炼丹术目的与动机均具有超前性，其试验方法也具有可借鉴之处，并最终促成火药的创制。

明朝的宋应星《天工开物·火药》：“凡火药以硝石、硫黄为主，草木灰为辅。硝性至阴，硫性至阳，阴阳两神物相遇于无隙可容之中，其出也，人物膺之，魂散惊而魄齑粉。”① 火药是用硝酸钾、木炭、硫黄等材料，通过搅拌混合获得的。刚开始都做成粉末状，后来通常做成大小不等的颗粒状以满足各种使用需要。无烟火药被应用之前是作为唯一的军用发射药使用的。

炼丹家虽精通一些化学方法，但都以寻求长生不老之药为取向，火药发明则为副产物。炼丹家对硫黄、砒霜这些有猛毒之金石药用前多以烧灼之法“伏”之。“伏”意为降伏，使毒丧失或降低，此程序称“伏火”。

---

① 宋应星．天工开物[M]．夏剑钦，译．长沙：湖南岳麓书社有限责任公司，2022.

在《本草纲目》就描写了火药可以治疗疮癣，还能够杀虫、辟湿气，也可以驱除瘟疫。但是，火药解决不了长生不老问题，而且易起火，炼丹家对火药没有兴趣。火药配方被炼丹家交到军事家的手里的时候，便成为中国古代四大发明之一——黑色火药。

欧洲人大约到了13世纪才知道黑火药的功用，几个世纪以来，人们对黑火药进行了开发和改进，其中以粒状火药、火帽及其他发明居多。黑火药兵器逐渐代替冷兵器，对陆地战争战术、攻城筑城技术及海军战列舰研制与战术诸方面都产生了极大的影响。而黑火药在使用过程当中一直被用作爆炸药及推进剂，直到19世纪中后期，才逐步为无烟火药、三硝基甲苯炸药等新发明的炸药代替，但是令人遗憾的是，这些新发明出的火药并非由中国人发明。

4. 印刷术

我国发明了印刷术。早期印刷将图文刻于木板上，以水墨印刷，木版水印画依旧采用这种方法，被一同称为“刻版印刷术”（也叫作“雕版印刷术”）。刻版印刷源于公元前盛行的印章捺印与之后的拓印碑石之类。造纸、制墨的生产技术产生后，刻版印刷技术逐步被发明。

经过相关学者考证研究之后明显发现，雕版印刷术是唐代发明的，到了唐代中后期才得到广泛的应用。宋代虽有活字印刷术的发明，但通行的仍是雕版印刷术。

世界上现存最早的印刷物是唐咸通九年（公元868年）印制的《金刚经》。它全长4 877毫米，高244毫米，由7张粘连起来而成一卷。卷首有释迦说法图，末有“咸通九年四月十五日王瑜为二亲敬造普施”题记。原藏于甘肃敦煌千佛洞，1899年发现。1907年被英国人斯坦因盗去，现存于英国伦敦不列颠博物馆。

北宋科学家与政治家沈括的著作《梦溪笔谈》中，就有一篇叫《活板》的文章，其中对活板印刷术的整个过程进行了细致的描写，十分方便理解。在《梦溪笔谈》一书中，沈括把这项发明归功于名不见经传的工匠毕　。伴随着烧结陶土字符的运用，沈括记述毕　制作字形、捡字排列并在之后印刷出来，之后拆解留作日后之用。毕　曾经试过木制活字，但是木制活字直到元代王祯的木模才逐渐完美。王祯还把字按声韵放置在一个带隔板的转轮排字盘上，便于捡拾。至于铜版活字，等到明朝华燧于1490年的印刷作品才趋完美。

第四节 中国饮食文化与中医药文化

一、中国饮食文化

我国传统文化中的阴阳五行哲学思想、儒家伦理道德观念、中医营养摄生学说，以及诸多文化艺术成就和饮食审美风尚等因素共同作用，最终诞生了中国烹饪技艺，并被载入史册，形成了深厚的中国饮食文化。经过漫长的发展、演变与积淀，从饮食结构到食物制作，再到饮食审美等方面，都逐步形成了其特有的饮食民俗，并创造出独具韵味的中国饮食文化，享誉世界。一些西方国家聚集了来自不同国家的移民，他们受不同国家饮食文化影响颇深，广纳众家之长，又与本国饮食习惯相结合，从而形成了自成体系的饮食文明。

就外延而言，中国饮食文化可依据时代和技法、地域和经济、民族和宗教、食物和食具等诸多视角，显示了不同的文化品位并反映了不同的使用价值。

就特质而言，中国饮食文化凸显了养助益充（素食为主，重视药膳和进补）的营卫论，且注重“色、香、味”俱全，具有与海外国家饮食文化不同的特质。中国饮食文化不仅注重菜肴颜色搭配，还重视就餐的气氛，这也是我们民族的性格和传统的反映。

在影响方面，中国饮食文化对日本、蒙古、朝鲜、泰国等地产生了直接的影响，同时也间接地影响了欧洲、美洲、非洲等大洲，中国的素食文化、茶文化、药膳文化，以及陶瓷餐具文化等，无不造福于全世界几十亿人民。

概括地说，中国饮食文化是一种历史悠久、源远流长的区域文化；它是中华各族人民经过100余万年生产生活实践，在食源开发、食具研制、饮食审美诸方面所创造出来的，是一种在很大程度上影响了周边国家乃至世界的物质与精神财富。

（一）中国饮食文化的特点

1. 风味多样

我国地域广阔，土地肥沃，各地区的气候、物产和风俗均有不同，因此在很长的一段时间里，人们的饮食中也逐步发展了不少的风味。我国历来有“南米北面”之说，口味上也存在“南甜、北咸、东酸、西辣”之分，另外还有四种风味的划分，分别是巴蜀、齐鲁、淮扬、粤闽。

2. 四季有别

在一年当中，不同的季节之间界限分明，所以在我国，根据四季变化进行烹饪是一大特色。从古至今，我国都是根据季节的变化进行调味和配菜的，冬有醇厚的滋味，夏有淡雅的清凉。通常情况下，在冬天会采用炖煮的方式，夏天多会采用凉拌抑或是冷冻的方式。

3. 讲究美感

对于我国的烹饪来说，既工艺精湛又注重菜肴自身的美感，并在其发展过程中逐步形成了“十美风格”，简单来说，就是注重味、色、香、质、形、序、器、适、境、趣之和谐统一。一般而言，菜肴的美感体现在很多方面，比如萝卜等蔬菜都能够被雕刻出千姿百态，别具一格，做到色香味俱全，其中的美更是和谐统一的，它给人一种精神与物质在很大程度上实现统一的特殊效果。

4. 注重情趣

中国烹饪在很久之前就开始讲究品味情趣，既严格要求饭菜点心色香味俱全，又讲究其名称与品味方式，除此之外，还十分重视进餐节奏等。中国菜名更是风雅别致、无与伦比。菜肴名称既按主辅料、调料和烹调方法等得名，又按历史典故、神话传说、菜肴形象等而得名。

5. 注重保健

以谷物为主要原料，强调饮食健康。食物中的主要原料是谷物且肉少粮多，通常菜蔬为辅，这种饭菜结构在中国的饮食文化中具有典型性。在中国，饭为主食，菜肴为下饭之用，也就是帮助人更好地吃饭。中国人在膳食中十分讲究营养保健，提倡营养成分的合理配伍和均衡膳食，以配食五谷、五果、五畜、五菜之味，以及功能不同的食物，充分实现养身健体的最终目的。另外，在春秋战国的时候，孔子就已经提出了“食不厌精，脍不厌细”的饮食观。在孔子的学说当中，重点概括了 10 条“不食”，孔子还提到了诸多较为科学的饮食法则，如讲卫生、重营养、有节制等。

6. 食医结合

中国烹饪技术和医疗保健息息相关。数千年前就有“医食同源”与“药膳同功”之说，它是通过食物原料药用价值制成多种美味佳肴来防治一些疾病。

在中国的传统文化当中，最为崇高的审美理想就是中和之美。“中也者，天下之大本也；和也者，天下之达者也。至中和，天地位焉，万物育焉。”[①]《尚书·说命》中就有“若作和羹，尔惟盐梅”的名句，意思是要做好羹汤，关键是调和好咸（盐）酸（梅）二味，以此比喻治国。《左传》中晏婴（齐国贤相）也与齐景公谈论过什么是“和”，指出“和”不是“同”，“和”是要建立在不同意见的协调的基础上的。所以，中国的哲人就一致认为天地万物始终在“中和”状态中寻找自身的地位，以便繁衍和发展。这一审美理想是基于个体和社会、人与自然和谐统一而建立的。以调谐来达到“中和之美”，这一思想受上古烹调实践及理论的感召与影响，进而影响到整个饮食生活，对古代文人士大夫来说，他们追求艺术生活化和生活艺术化，更是如此。

和“中和”对立的是极端。并且，需要注意的是，极端也不会被认为是烹饪中的正宗，“太咸、太辣、太酸”等食物尽管会被某些身体处于异常状态的人热爱，但是从长远来看会给身体带来危害。极端主义在社会生活、政治生活中其弊更大。

（二）中国饮食的艺术倾向

中国饮食文化因其特定的经济结构、思维方式和文化环境逐步形成了自己的特征，这就是艺术倾向。

1. 选料精良

选料是中国厨师第一大手艺，也是做一品中国菜肴美食之本，必须有丰富的学识并娴熟地应用。每道菜肴美食所使用的原料，从主料到配料，从辅料到调料，均有许多讲究与严格的规定。总之，就是“精”和“细”的要求，孔子曾经说过，“食不厌精、脍不厌细”。这里的“精”，是指选用原料的时候应考虑到它的种类、来源等特性，选择质量优秀的原料。

2. 刀工细巧

刀工是厨师将食材经过刀法加工成烹饪所需的工整统一的造型，以便与火候相适应，易于入味，并且保持着某种形态美，所以它是烹调技术中的一个重点。我国早在古代就重视刀法的运用，经过历代厨师的反复实践，创造了丰富的刀法，

① 戴圣．礼记[M]．张博，译．沈阳：万卷出版有限责任公司，2019．

如直刀法、片刀法、斜刀法、剞刀法（在原料上划上刀纹而不切断）和雕刻刀法等，把原料加工成片、条、丝、块、丁、粒、茸、泥等多种形态和丸、球、麦穗花、荔子花、蓑衣花、兰花、菊花等多样花色，还可镂空成美丽的图案花纹，雕刻成“喜”“寿”“福”“禄”字样，增添喜庆筵席的欢乐气氛。特别是刀技和拼摆手法相结合，把熟料和可食生料拼成艺术性强、形象逼真的鸟、兽、虫、鱼、花、草等花式拼盘，如“龙凤呈祥”“孔雀开屏”“喜鹊登梅”“荷花仙鹤”“花篮双凤”等。例如“孔雀开屏”，是用鸭肉、火腿、猪舌、鹌鹑蛋、蟹钳肉、黄瓜等15种原料，经过22道精细刀技和拼摆工序才完成。

值得注意的是，对于文学家来说，十分重视精艺之刀工，将其看作尽善尽美之艺术，并且老百姓对其有着浓厚的兴趣。在古代的时候，为了大开眼界，有的人特地组织刀工演出，引起轰动。南宋曾三异在《同话录》中就曾经记载，泰山有一年要举行绝活表演，“天下之精艺毕集”，自然也包括精于厨艺者。“有一庖人，令一人裸背俯伏于地，以其背为几，取肉一斤许，运刀细缕之。撤肉而试，兵背无丝毫之伤。”[①] 把人的背部当砧板且在用刀切肉的时候不会令人的背受伤，此举不能不叫人赞叹。

3. 火候独到

火候是构成菜肴美食风味特点的关键因素之一。但是火候变化快，很难准确把控，不具备多年实践经验的人是很难对其准确把握的。所以，掌握合适的火候是中国厨师的必修课与绝技。我国厨师能够准确识别不同火力，对各种食材的耐热程度熟悉理解，对用火时间控制娴熟，擅长掌握传热物体的特性，也可根据食材的实际情况来决定下锅顺序，灵活使用，这样煮出的菜才会合乎要求，更加美味。早在古代，我国厨师就对火候有过专门研究，并阐明火候变化规律及掌握要点：“五味三材，九沸九变，火为之纪。”[②] 火候在烹调中十分关键，但又是最难掌握和解释的。而一个烹饪者能不能成为名厨则火候是关键，因此我国的厨者在进行操作的时候，积累了毕生的阅历，领悟了一定的精神，充分地发挥了他们微妙的观察体验能力与丰富的想象力，从事着饮食艺术创作。磨炼自身，基于本心，广泛发掘其中的妙处并加以运用。

---

① 冯玉珠．烹调工艺学[M]. 北京：中国轻工业出版社，2014.

② 吕不韦．吕氏春秋[M]. 杨红伟，译．长沙：岳麓书社，2019.

4. 技法各异

烹调技法，是我国厨师的又一门绝技。常用的技法有，炒、爆、炸、烹、溜、煎、贴、烩、扒、烧、炖、焖、众、煮、酱、卤、蒸、烤、拌、炮、熏，以及甜菜的拔丝、蜜汁、挂霜等。不同技法具有不同的风味特色，每种技法都有几种乃至几十种名菜。著名的“叫化鸡”，以泥烤技法扬名四海。相传古代江苏常熟有一乞丐偷得一只鸡，因无炊具，把鸡宰杀后除去内脏，放入葱盐，加以缝合，糊以黄泥，架火烤烧，泥干鸡熟，敲土食之，肉质鲜嫩，香气四溢。后经厨师改进，配以多种调料，加以烤制，味道更美，遂成名菜。

5. 五味调和

调味，本身属于烹调中的一项十分重要的工艺，正所谓“五味调和百味香”。对于调味的功能，烹饪界的学者研究认为主要有以下几个方面：去除原料中存在的异味并为没有味道的食物加入味道，丰富食物的香味，使菜肴有诱人的色泽，除此之外，还能够对食物原料进行杀菌消毒。

调味也是千变万化的，大致可分为三种，分别是基本调味、定型调味、辅助调味，其中定型调味法的应用最为广泛。简单来说，定型调味就是在配料加热时进行调味以决定菜的味道。基本调味是先调味再加热，是预加工处理调味。辅助调味是在加热之后进行的，或者是吃饭的时候。

简单来说，所谓“五味调和”之五味并不是指一个明确的数字。我们食用的菜通常是有两种或更多味道的复合味型和变化多端的味型。《黄帝内经》云“五味之美，不可胜极”①，《文子》则说“五味之美，不可胜尝也”②，说的都是五味调和可以给人带来美好的享受。

简单地说，调味是否适当，除调料种类多、质地好的物质条件外，关键是厨师的调配是否适当。对于调料的使用比例、下料顺序、调味时间，都需要明确，绝不能敷衍了事。只要做得细致，就能让菜肴美食符合所需要的口味。

6. 情调优雅

中国的饮食文化高雅精致、不落俗套，且营造出了较为丰富的艺术化氛围，以上种种特点会在以下三个方面加以体现，分别是美器、夸名、佳境。

---

① 易磊．黄帝内经 白话图文版[M]．北京：科学普及出版社，2018.

② 文子．文子[M]．长春：时代文艺出版社，2008.

袁枚的《随园食单》就曾记载“美食不如美器”，这里主要是说食美器也美，在食用美食的时候，应当与美器搭配，以便获取更为显著的美。

我国在饮食方面使用的各种器具本身充满美感，值得关注的是，在国古代食具当中，有着几个较大的类别，分别是陶器、瓷器、铜器、金银器、玉器、漆器、玻璃器。这些食具的美都给使用者带来了不一样的审美享受，而这也正是我们所追求的食物之美之外的享受。

美器之美也不局限于器物自身的质与形和装饰，更体现为其组合之美及其自身与菜相配之美。

周代列鼎、汉代套杯、孔府满汉全席银餐具等都体现了一种组合之美。

在孔府当中，存在一整套为了举办满汉全席的时候使用的银质餐具，这一整套餐具在外形上仿古，上刻各种花卉的图案，镶嵌着各色玉石珠宝，凸显自身的高雅。

中国人饭桌上不存在没有名字的菜。一个精彩的名字不仅是菜的鲜活广告词，更是菜本身不可分割的一部分。菜名文化底蕴丰厚且浅显易懂，同时还能给人一种美的享受，通过听觉或者视觉上的知觉传递到大脑中，就能引起一系列心理效应，起到菜肴在色、形、味等方面无法起到的效果。

二、中医药文化

中医药本身属于中华民族的传统医药，需要注意的是，其在发展历程中不断地吸取中华文化的养料，从而形成独特的中医药文化，成为中国非物质文化遗产中的优秀代表。现如今，怎样对中医药文化进行有效的继承、发扬与保护是十分重要的任务，让中医药文化在现如今这个时代也能够发挥自身作用，是关系到中华文化兴旺发达与中华民族伟大复兴的战略问题。中医是以哲学、宇宙观、生命观为基础，重视人与自然的关系，“阴阳五行，天人合一”，讲究整体观念，辨证论治，“望、闻、问、切”，重视“脉象”的变化；中药有四气五味、升降浮沉、归经、有毒无毒、复方配伍、加工炮制等特点。

（一）中医药文化概述

中医药文化最初被界定为中华优秀传统文化，是反映中医药精髓和特征的精神文明与物质文明之和。中医药学既是一门研究并揭示人身心疾病发生、变化规律及其预防与治疗的学问，又是以科学技术实用为基础的传统精神文化——中医药文化。中医药文化是“顺应自然，尊重生命，呵护健康”的文化，被孕育在中国传统文化土壤之中，始终未脱离自然哲学母体而独立存在，因而具有强烈的思辨色彩与传统文化印记。中医文化中的阴阳学说、五行学说、经络学说、辨证论治等，涉及阴阳五行、易学、哲学、道德、养生等人文学科和人文知识，它和传统自然科学如天文、地理等一起组成中医药学理论体系。所以，中医药学集科学文化和人文于一体，兼具自然科学与人文科学的双重性质。

（二）中国古代哲学与中医药文化

中国古代哲学实质上就是以思考人生、研究人道甚或长生之道为中心的生命哲学，这是各思潮、各学派所共有的特征。老子道家思想、孔子儒家思想及后世佛学思想共同构成中国传统思想文化之核心。中医药文化和中国古代哲学是紧紧围绕“人与社会”进行全方面交流的，二者联系紧密、互相影响、共同进步。中国古代哲学影响了中医药理论体系，体现在天人观、形神观、中庸观等方面。

1. 天人观与中医药文化

中国古代哲学中，天人关系一直是一个基本问题，备受广泛的关注和重视。《春秋繁露·同类相动》的观点是强调“天人合一”的思想，主张人与天地之间存在共同点和相互关联。该篇文献认为，“天人同类”“天人相副”，指出天地间存在阴阳之气，同时人类个体也存在相应的阴阳之气，当天地间阴阳之气发生变化时，人类个体的阴阳之气也会相应地发生变化。人体内的阴气被激发时，天地之间的阴气也会因此而被呼应，这是一种相通的道理。按照老子的说法，“道”就是说明宇宙万物发展变化的理论。在老子看来“道”生一物，一物生二物，二物生三物，三物生万物。卫广来的翻译版本《老子》主张，人应跟地球遵守相应的规律，地球应该跟宇宙遵守相应的规律，宇宙则应该遵循与“道”相似的规则，而“道”则应该依照自然法则行事。庄子主张“天人合一”，认为万物都有平等的本质，人应该与自然相融合，坚守与宇宙的联系，遵循自然规律，培养高尚的精神。中国古代哲学中普遍存在天人合一思想，这种思想深入人心，对中国传统文化和古代科技的发展产生了深远影响。中国传统文化以“天人合一”的自然观为核心，这种认知方式强调整体思维、类比思维和直觉思维，不分主客。

中医学的整体观念根植于中华文化的整体思维方式，这种思考方式对中医文化的形成和演变产生了深远的影响。根据综合理论，人体是一个有机整体，身体各个组成部分紧密相连，无法分割，它们相互协调、相互依存，而在疾病方面也会相互影响。我们应该意识到人类和自然环境之间的紧密关系，同时需要不断调整和改善环境，以确保我们的身体能够正常运行。人类和自然之间的亲密关系体现在以下方面：首先，人类和自然具有相同的起源，也就是说，人类的进化始于天地自然，因此自然界为人类的生存和发展提供了必要的生存条件。气构成了天地，也构成了人的身体。根据《素问·宝命全形论》，人类的生命力源自于天地之间蕴藏的气息，而人体的机能则会受到四季交替的影响。其次，人体结构与自然界的结构在形态上具有相似性或相同性，因此它们之间具有同构关系。正如天空中存在日月一样，人类拥有两只眼睛；在大地中，九州被视为分界线；在身体内部，人们将九个开口称为“窍”，并认为它们是重要的通道。最后，“人与自然同步”的意思是，人类和自然界万物都遵循着相似的阴阳消长和五行生克制化的规律。

直觉思维是一种感性理解方式，以人的感官经验为基础，快速识别、敏锐洞察客观事物的本质和规律联系，并进行直接的具体判断。人与天地相互依存，万物皆有其规律，这便是人类的行为准则，因此我们必须遵守宇宙的规律。虽然万物无声无语，无法直接表达宇宙的奥秘，但我们可以深入了解它们，来领悟天地之道的本质。这种理解形成了我们实现人性化的基础。太阳是中医文化中描述阳气本质的比喻之一，中医师观察和理解太阳的作用和节律，从而推导出阳气在人体内昼夜变化和作用的原理。这一理论旨在不改变思想意义的情况下，更加简明清晰地表达中医文化中关于阳气的概念。这种观点不会改变原有的意思，但表述方式更为简洁明了。中医治疗注重整体调节，不拘泥于严格的逻辑规则，通过直觉思维实现认识的突变和飞跃，医生需要依靠内在的悟性来调配药方，而非僵守于预设的方案。中医之所以学起来困难，这就是主要的原因。

2. 形神观与中医药文化

中国古代哲学形神观实质上就是物质和精神之间的关系。南朝范缜提出，“形者神之质，神者形之用；是则形称其质，神言其用；形之与神，不得相异”[①]，并喻之为刀刃。《神灭论》提出，“神之于质，犹利之于刃；形之于用，犹刃之于利。利之名非刃也，刃之名非利也，然而舍利无刃。未闻刃没利存，岂容形亡而神在？”[②]中医文化中存在的形神关系又分为物质和运动、机体和功能，以及肉体和精神之间存在的差异，并明确认定人自身的形体和精神之间的关系密不可分，是一个整体。

中医人在治疗疾病时深受中国古代哲学中形神观的影响。尽管中医重视疾病诊断，但更加侧重于关注患者的整体和个体情况。在中医理论中，人的健康与其生理特征和社会属性密切相关。除了身体健康外，个体的心理、情感和精神状态也对整体健康产生着重要影响，并且彼此之间相辅相成、相互制约。除了考虑物理、化学和微生物等因素，我们在进行病因分析时还要关注到社会、心理和情感等方面的因素，因为它们也会对疾病产生影响。中医学认为，人体的生理和心理状态是相互关联的，不应该被分开看待。任何心理情绪都可以引起身体的反应，从而导致疾病的发生。我们称之为“七情致病学说”，其中包括喜、怒、哀、乐、忧、恐、惊。在预防和治疗疾病方面，强调人与自然的和谐，认为应该避免虚弱和邪恶的影响，切忌盲目从众。强调达到身心统一的重要性，提倡保持内心平静和空旷，追求精神和身体之间的协调与融合。主张通过疗愈内心强化身心健康，并重视引导身体和心理之间的互动，注重身体和心灵两方面的发展。中医文化强调根据患者的个体差异、病情变化和所在地域环境等因素来选择多种治疗手段。在治疗过程中，我们注重非物质性层面，包括了心理、精神和社交因素等。这些因素同样至关重要，我们必须将身体和心灵看作一个整体，才能使治疗达到最佳效果。这种治疗理念兼顾物质和非物质方面，同时注重身心合一，突显了中医文化中强调“关注人”的人性化理念。与西医文化强调疾病治疗而忽视患者情感、心理和社会因素的观点不同，中医文化融合了形式和精神的特点，是现代医学推崇的“生物—心理—社会”医学模式的先驱。

3. 中庸观与中医药文化

中庸思想是儒家思想的核心要素之一，它将宇宙观、方法论和境界概念有机

① 李勇强．形神之间：范缜与神灭论[M]．成都：西南交通大学出版社，2018．

② 张岱年．中国哲学大纲[M]．北京：商务印书馆，2017．

地融合在一起，成为中国人思维、处事态度和价值观的重要组成部分，并在中国传统文化中发挥着广泛而深刻的作用。孔子将殷周时期的“中德”“中行”“中道”概念融合，并将其提升到哲学层面上，创新地将“中”与“庸”相结合，形成了“中庸”思想。这一概念在孔子的思想体系中占据着重要的地位。《论语·雍也》说：“中庸之为德也，其至矣乎！民鲜久矣。”[①]《论语》中的《中庸》被描述为一种平衡和谐的状态，既不过度也不足。中医药文化一向坚守中庸之道的原则，注重中和思想的协调与平衡。若能维持阴阳平衡，以及机体内部精气神的平衡状态，方能维持身体的健康。《素问·调经论》说：“阴阳匀平，以充其形，九候若一，命曰平人。”[②]中医文化倾向于采取一种包容和协调的态度来应对不同事物或矛盾的另一方，它重视修正一方的过度优势或劣势，并力图让两个对立面维持一个相对平衡、稳定和协调发展的状态。与西医文化不同的是，它不会盲目地拒斥或试图消除对方。中医治疗法则的目的在于恢复人体的“和谐”，实现人体的平衡与协调。这些法则涵盖了许多方法，如平衡阴阳、调和脏腑、调节气血、清热解毒、补虚去实等。它们体现了中医文化中的“中庸”思想，即强调平衡和协调。

4. 常变观与中医药文化

中国古代哲学所探究的常变观是关于宇宙中所有事物固有的常住不变和随时间不断变化的现象。这个理论的核心意义在于揭示了事物变化中的必然和偶然因素，并提供了指导如何应对变化以及掌控社会改革的基本原则和灵活性。“永恒”和“流变”是两种互相对立的观念，它们之间有着相互关联和相互作用的关系。中医理论的形成、生命活动规律的总结和医疗经验的归纳，通常会注重相互作用的影响，以研究“常态”和“变化”之间的关系。《素问·六节藏象论》说，“五气更立，各有所胜，盛虚之变，此其常也”这是在探讨气运变化的基本规律。《素问·刺志论》说，“气实形实，气虚形虚，此其常也，反此者病”，这是稳定的状态，反之则为病。在《素问·移精变气论》说，“理色脉而通神明，使之金木水火土，四时八风六合，不离其常，以观其妙，变化相移，以知其要。欲知其要，则色脉是矣。”在《灵枢·五变》中，讨论了体质与发病之间的关系。文章中提到，“一时遇风，同时得病，其病各异……是谓因形而生病，五变之纪也。”这就

① 孔丘．论语[M]．杨伯峻，杨逢彬，译．长沙：岳麓书社，2018.

② 崔为．黄帝内经·素问译注[M]．哈尔滨：黑龙江人民出版社，2003.

是《灵枢·五变》所要讲的内容。通过对“变化”的把握，可以更好地了解“稳定”，同时通过对“稳定”的保持，可以约束“变化”。通过探究平衡状态和变化过程之间的相互作用，我们能够更全面地认识到人类生命的规律。《内经》运用总结阴阳相互转化的规律、推导五行相互影响的机制、探究六经之间相互转化的现象等方法，旨在推断疾病发展的趋势，用逻辑推理的方式达成这一目标。

第四章　中华文化铸牢与传承面临的困境

在当今社会中，中华文化的铸牢与传承面临着很大的困境，本章将从两个方面对此进行阐述，依次为中华文化铸牢与传承的时代困境和中华文化铸牢与传承的教育困境。

第一节　中华文化铸牢与传承的时代困境

中华文化的铸牢与传承文化必须立足于现代社会发展，迎接挑战，从中寻找发展的契机。分析中华优秀传统文化在现代社会中所面临的时代困境有助于反思当下中华文化铸牢与传承的现状，在中华文化的发展与建设中有的放矢，当前中华文化筑牢与传承主要面临以下三个方面的困境。

一、现代化进程的冲击

现代化是人类社会历史发展的必然过程。中华文化面临的现代化冲击主要是指，在我国高速现代化建设以适应世界发展的过程中，工业化的快速发展极大地提升了我国的经济效益，与此同时在现代化进程中产生的现代价值理念却冲击着人们对于传统道德理念的信仰，使得人们对中华文化产生自卑感。除此之外，现代城镇化建设对文化遗产的破坏以及现代科技带来的负面影响都影响着中华文化的铸牢与传承。

（一）城市化进程对文化遗产的破坏

物质文化是精神文化的凝聚和体现，一旦破坏一时间是难以修复的，因而是中华民族的珍贵宝藏。我国历来重视考古工作，重视对物质文化遗产的保护。但我国也像其他发展中国家一样，在大力发展城市化以实现现代化目标的过程中正使文化遗产面临被破坏的危险。这不仅造成历史文化遗产的毁灭和城市特色的消失，同时也波及中华文化铸牢与传承的整体效果。城市化进程对文化遗产的破坏主要有以下两个表现。

一是过度开发，造成文化遗产的永久性毁灭。这里过度开发是伴随着旅游业的蓬勃发展开始出现的，经常发生在古村落开发中。近年来，新农村建设蒸蒸日上，许多村落试图通过发展旅游业来拉动当地的经济增长。不可否认，旅游业的发展确实对农村经济发展起着促进作用，但不合理的开发也会对文化遗产造成负面影响。为了满足旅游者的需求，古村落会招商引资，大量商户的入驻，但这就造成古村落商业化气息严重，导致古村的历史厚重感难以保存。另外，为了追求更多的利益，许多古村落也不限制旅游者的人数，无视古遗址的承受压力，最终导致古遗址遭受更多的人为破坏。过度开发同时也会出现在城市建设中。城市发展，难免会拆迁那些失去使用价值的历史古建筑。但一些城市为改造旧城区和房地产开发，完全不考虑对历史建筑保护，历史建筑一夜之间被推倒，导致历史文化名城失去了历史的原味。

二是千篇一律的规划，造成文化遗产失去个性。在我国城市现代化飞速发展的过程中，“孪生”的高楼大厦拔地而起，这虽然反映了我国基础设施建设的成就，但也暴露出我国城市化建设中存在“千城一面”的问题。这个问题不仅存在于旧城改造中，也存在于新城建设里。当下的城市建设往往为了追求速度和效率，而忽视对城市历史变迁和历史特色的深入调研，在不了解历史传统的情况下就开始建设。比如，将城市中的古建筑一律刷成白色，虽然看上去很整齐，但也让古建筑失去了本身的历史沧桑感和自身的特色。再如现在的一些仿古建筑，设计方案也是千篇一律，让人难以体会一个城市的历史底蕴。中华文化的精气神凝聚在中国建筑中。中国的建筑，不是一座冰冷的房屋，而是具有温度的文化精神的彰显。

（二）现代科技发展带来的影响

现代科学技术是社会前进发展的动力，也是国家强大的重要标志。当下新媒体技术的发展，为中华文化的转化创新以及文化产业的兴盛带来了一定的机遇，为传统文化带来了现代科学的思维观念，使得其传播的范围更广、传播的速度更快，能够让更多的人接触到传统文化。但同时，现代科学技术也存在一定的局限性，其快餐式、碎片化的介绍模式容易对中华文化的铸牢与传承带来不利影响。

一是现代科学技术碎片化的介绍模式容易歪曲经典著作的原意。现代科学技术，尤其是当下互联网、新媒体的出现，使中华文化往往以短视频、精美短文的形式呈现。但中华文化绵延至今，经历史积淀已形成一个完备的文化体系。并且其文本中的精髓内涵往往采用隐喻、含蓄的方式，属于高语境的文化体系，若脱离文本，单独理解其中的一句话就容易曲解其原意。在新媒体这种碎片化的呈现方式下，很容易出现媒体人为追求点击量、吸引大众眼球，以娱乐性为目标改编和曲解中华文化的现象。

二是现代科学技术简化式的传播形式，冲击了中华文化的传承方式。在通信技术的冲击下，人们越来越喜欢用打字的方式与人沟通，以至于连常见字都忘记了如何书写。事实上，中华文化在古代的传承基本就是靠书写，一支毛笔不仅是简单的书写工具，其尖、齐、圆、健的特点反映了中国古代文人自强不息、兼容并包的风骨。但如今互联网的出现让毛笔无处所依，更让毛笔内涵的精神特质被机器掩藏。简化下的文化传承方式带给人们的是失去灵魂和温度的文字，使人难以体会中华优秀传统文化的丰富内涵。

二、全球化发展的挑战

全球化发展浪潮，不仅影响着各国经济的发展，同时也制约着各国文化的发展方向。各国文化在世界领域中，有交流也有冲突，这种文化在全球范围流动的现象就是文化全球化。中华文化的铸牢与传承也不可避免地置身于文化全球化发展的浪潮中，面临着文化发展全球化的挑战。

（一）文化焦虑感的催生

在文化全球化的浪潮下，一方面中华文化获得了更加广阔的传播空间，有更多民族和国家的民众逐渐领略到中华文化特殊的气质。但在另一方面，中华文化也遭受着西方文化的冲击，国民对中华文化的安全问题感到担心，对中华文化的前途感到迷茫，文化焦虑感也由此而来。

西方部分发达国家在文化传播方面具有一定的优势，他们借文化全球化的趋势，利用影视、教育、语言等形式，向其他国家传播他们的政治主张、文化观念、行为方式，在节日、影视作品等不同形式的文化载体的传播下，越来越多的人崇尚西方的现代文化与思想，而对中华文化不再感兴趣，长此以往，中华文化的铸牢与传承必将受到严重阻碍。

中华文化重人与人之间的关系，讲社会规范和原则，形成了十分丰富的道德理念，对维护人际友好交往、社会和谐稳定起着重要作用。而西方是非伦理型文化，崇尚科学、理性，虽然这有利于自然科学的发展，但由于欠缺对人伦道德的思考，最终导致过度重视工具理性，从而弱化了对人的关怀，带来科技发展和工业化进程中的各种异化现象。

（二）文化认同感的消解

文化全球化不仅冲击着中华文化的文化特性，同时也威胁着大众对于中华文化的认同感。

首先，文化全球化在冲击传统节日中消解着大众的认同感。节日是国家、民族的重要而特殊的日子，是国家标志性的文化记忆，体现了整个民族的精神风貌。正是因为有相同的历史、相通的情感，才有了对中华文化、民族身份的认同，民族节日就像一剂强有力的黏合剂，凝聚着世界范围内的中华儿女。但在文化全球化的过程中，西方的节日如圣诞节、情人节、愚人节等涌入我国，威胁着我国传统民族节日的传承与发展，影响着大众对于中华民族文化的认同感。

其次，文化全球化在弱化主流意识形态中消解着大众的认同感。坚持正确的意识形态与传承发展我国古代优秀思想密不可分。但在文化全球化的过程中，西方国家借助先进的媒体技术，以电影、电视等形式大肆宣传西方的意识形态，出现了取消意识形态以及使其多样化的观点，甚至一度否定我国的传统文化。这不仅会造成人们思想上的杂然无序，使人们对于中华文化的认同感变得衰弱，同时也会威胁我国意识形态领域的安全和我国的稳定团结。

（三）中华文化竞争力不足

文化看似无形却十分有力，国际许多国家日益重视文化在国家实力中的位置，纷纷将文化摆在国家建设的突出地位，并在全球范围催生了庞大的文化产业，这些文化产业以载体的形式承担起传播各国文化的重要作用。然而，在文化产业的发展中，竞争力强的国家会依仗其庞大的经济能力控制全球产业，在市场上排挤弱国。应该认识到，虽然我国的经济实力已实现了跨越式的提升，但我国的文化实力和竞争力尚未达到相应的高度，与具有超强文化竞争优势的西方发达国家相比还相差甚远。文化竞争力不足的问题也在制约着中华文化的铸牢与传承。总的来说，我国文化竞争力不足主要体现在以下两个方面。

从质量上看，文化创新能力有所欠缺。我国古代卓越的思想文化内容丰富、精妙入神，能够为文化产业、文化产品提供丰厚的历史文化资源。但当下，中国在传统文化产业方面的发展与国际相比还不够强大。美国某公司作为全球文化产业巨头，已经形成了集影视制作、主题公园、消费产品和网络媒体于一体的文化产业链条。该公司能够取得成功的一个重要原因就在于它坚持不断创新，善于借鉴不同国家的文化。如《花木兰》这一动画电影就是以我国经典故事《木兰诗》为原型，批判地继承了中国的传统文化，塑造了在世界范围内更受欢迎的木兰形象。相比之下，目前我国虽然也有取材于中国传统神话故事，带有不少中国文化符号或元素的动画影视。但这些作品存在素材选择局限性强、剧情设置老套、特效水平不高等诸多短板，制约着传统文化产业的国际竞争力。

从影响力上看，缺少具有国际感染力的文化品牌。虽然我国已有许多文化传媒公司，但依然缺少世界影响力。缺少文化品牌，一方面难以将中华文化中丰富的文化资源转化为具有时代性、创新性的文化产品；另一方面难以形成畅通的海外市场，将传统文化产品推向世界。

三、大众化传播的问题

在古代，中华文化之所以是活的，是因为它存在于人们的日常生活、国家的政治生活中。而在当代，中华文化往往被当作精神遗产放在学术殿堂，几乎退出了我们的现代生活。究其原因，很大程度上是中华文化大众化没有落到实处，民众还没有将中华文化中的理念转为指导自己生活实践的人生智慧。

（一）误解性高，复古论此起彼伏

在中华文化大众化的过程中，存在一些人由于对文化自信内涵的理解不到位，对中国特色社会主义文化三部分之间关系理解不到位，而出现对传统文化过度崇拜的问题。他们认为对中华文化的铸牢与传承就是要复兴传统的一切东西，甚至走向“文化复古”的误区。

文化复古论是一种对待文化因循守旧的思想。在辛亥革命后，其表现为，在政治上企图用儒学来治理国家，在文化上捍卫旧秩序，妄想用陈旧的思想代替现代理论。近几年，随着“文化自信”理念的提出，人们愈加重视对我国古代优秀文化与思想的学习。但同时，一部分文化复古论者以此为契机，打着“文化自信”的旗帜过度宣传“国学”，一时间所谓的“女德班”“国学班”出现在多个城市，这实际上是打着中国文化反中国文化，更有甚者提出“以儒代马”的论断，来否定马克思主义理论的指导地位。从认识论上说，“文化复古论”是一种以形而上学的、以孤立、静止、片面的思维方式看问题而造成的对中华文化的误读。

从危害上看，首先，文化复古不利于青少年的成长成才。部分所谓的“国学班”根本没有正规的办学许可，所教的内容或包含着传统文化中的糟粕这样的“国学班”不仅不会让孩子感到中华优秀传统文化的魅力，甚至会危害孩子的身心健康。其次，文化复古会阻碍社会的前进。中华文化从其产生和发展的条件来看，它是在农业经济基础上孕生的。我们现在想要延续更新的是优秀的部分，而文化复古论者坚持的是全面恢复古代文化，不对中华文化加以区分地盲目复兴，将早已落后于时代发展的糟粕也进行大肆宣传，这不仅无益于中华文化的现代化转型，还会而阻碍社会的发展。最后，文化复古会干扰社会主流意识的安全。文化复古论者大肆宣扬现在的政策就是要复兴儒学，提出要“以儒治国”，抛弃马克思主义的指导地位。这样的论断如果不加批判，将会扭曲古代思想文化转化创新的方向，甚至会对我国正确的思想造成严重的威胁，导致走向错误的道路。

（二）商业性强，功利主义大行其道

当前，虽然传统文化产业越来越多，但在这些传统文化产品中存在以金钱、利益为目标的不良现象，与我们当初想要从传统中汲取力量的愿望相悖。这种以追求经济利益为目标的文化产品往往在浮夸的形式上下功夫，导致中华文化在大众化过程中存在庸俗化、肤浅化的现象。

现在许多地方都以纪念先贤的形式来铸牢和传承中华文化，但实际上很多活动是为了赢得金钱利益。如近几年“名人故里之争”这一现象接二连三地发生，不计其数的古代人物都没有逃过这场闹剧。纪念优秀的历史名人，本是教育青少年、教化大众的重要渠道，也是铸牢和传承中华文化的重要方式。可为了追求

当地的经济发展，却出现争夺历史名人的无理闹剧，这无疑是一种病态的名人崇拜，会对我们古代思想文化的延续更新带来巨大的伤害。再如近几年兴起的“汉服热”，这本是一项能够展示中华礼仪之美，增强民族荣誉感，助力传统文化复兴的有益活动，但在现实生活中存在将汉服与利益挂钩的不良现象。这种类似的现象无疑是将中华传统服饰庸俗化，不仅会引起人们的反感，同时也会阻碍中华优秀传统文化在大众间的良性传播，进而对中华文化的铸牢与传承造成不良影响。

（三）实践性弱，自觉意识有待提升

文化是大众的，文化产生于大众，传播于大众，创新于大众，践行于大众。中华优秀传统文化只有成为大众日常行事和实践的行为规范才是“活”的，否则就会失去生命力、失去创新的动力。当前，随着传统文化类节目的兴起，大众对中华文化有了一定的了解。但中华文化的大众化不能只停留在继承和传播的层面，更重要的是要发挥人民群众的首创精神，让传统文化成为百姓日用而不觉的智慧。就当下中华文化大众化的效果来说，大众对于传统文化的践行力度还不够，自觉意识还不强。

践行力度不够，主要体现在公民道德失范现象突出。虽然当下社会媒体经常大力宣传勤俭节约、爱护环境、尊老爱幼等美好的品德修养，然而真正落实到实践的人少之又少。如在社会公德方面，每个人都有爱护公物、保护环境的责任和义务。但在现实生活中，破坏公物、乱扔垃圾等违背社会公德的现象屡禁不止。在职业道德上，要求公民做到爱岗敬业、诚实守信。但在一些政府部门，办事拖沓的现象时有发生。家庭美德要求公民扶老携幼、节俭朴实。但如今不赡养父母、虐待子女的事件经常出现在新闻里。

自觉意识不强，主要体现在群众在对中华文化的铸牢与传承中的作用不明显。当下中华文化的研究群体主要集中在专家学者之中，大多数群众只是宣传的受众，缺乏学习、研究、创新中华文化的主动性。实际上，只有每个人都是铸牢与传承中华文化的主体，只有自觉承担起铸牢与传承中华文化的责任，才能营造良好的文化氛围。

第二节　中华文化铸牢与传承的教育困境

中华文化是中华民族几千年来最宝贵的文化遗产，也是一直流淌在中华儿女血脉中的精神源泉，学生作为社会未来的主人和建设者，理应站在时代的、民族的、历史的高度来铸牢与传承优秀的中华文化。然而在实践中，我国学校的中华文化教育还存在诸多问题。

一、中华文化教育存在的问题

（一）意识欠缺，对中华文化教育重视不足

在我国学校的中华文化教育中，普遍存在领导不够重视的问题。有的学校领导认为，传统文化习俗在节日文化中已经体现，没有把学校的中华传统文化教育落到实处。也有的学校领导比较重视中华优秀传统文化教育，也曾积极创设了一些特色鲜明的教育基地，但是存在基地建设等同于中华优秀传统文化教育的误区，难以从根本上对学生进行深入的、系统的、常态化的、创新性的中华优秀传统文化教育。

“师者，所以传道受业解惑也。”教师不仅承担着对学生知识的传授和专业技能培养的工作，也承担着文化的传承工作。教师首先应该对学生进行世界观、人生观和价值观的培养。教师应以身作则，在潜移默化中培养学生高尚的思想道德品质和良好的行为。然而在学校中，普遍存在教师不重视中华优秀传统文化教育的现象。在现实生活中，人们更多地关注专业知识和技能的掌握，虽然教师越来越意识到学生存在的思想和心理问题，但是教育教学中依然存在方法简单、深入程度不到位的问题。教师的思想误区导致了学校的中华文化教育难以顺利开展，这对中华文化的铸牢与传承而言十分不利。

（二）机制不健全，教学及管理实践中问题频出

在学校中华文化的教学实践方面，其问题主要表现在教育内容、课程设置、教育方式等方面。

1. 教育内容缺乏系统性和整体性

通过课堂主渠道来进行中华文化的学习，已经得到越来越多人的认可。但是目前，一方面，学校中华文化教育各学科各自为政，没有形成健全的学科体系；另一方面，缺乏系统的专业教材，存在教育内容随机性、碎片化的问题。例如，有的教师在传统文化教学中，自己编写讲稿，对经典原著进行改编，而忽视让学生直接阅读经典原著，因此导致中华文化教育内容偏离中华优秀传统文化的基本精神。

2. 课程设置不合理

目前，各学校中华文化教育的课程设置以选修课为主，且不同课程之间缺乏统筹安排，各自为政现象严重。不少课程内外无法衔接，存在课程门类孤立化的现象，教学效果大打折扣，难以达到预期目标。此外，由于师资力量欠缺，课程体系的编排缺乏统一的技术规范和具体的技术支撑，所编写的教材视域不宽、不广、不深，精品课程很难形成。

3. 教育方式比较单一

有的学校在入学教育时进行《三字经》《弟子规》等内容的学习，开展诵读名言警句、知识竞赛等活动，可很多学生根本不能够举一反三、融会贯通地落实到日常生活中。学生听、说、读、写、悟、展演、行是有机统一的整体，如果缺少了对中华文化知识“行”的环节，学生的学习就会变得机械被动，难以变成自己的真才实学。

部分学校的中华文化教育方式存在一些问题，教师只注重讲解，不注重学生诵读。事实上，诵读是几千年就流传下来的、被实践反复证明的并且很有效的中华文化教育方法，经典名篇非常适合诵读，现在的学生在中华文化学习中普遍轻视经典诵读，这种诵读严重不足的问题，亟须加以改变。

机制不健全的问题让学校的中华文化课程教学缺乏深度和趣味性，学生无法通过相应的课程深入了解中华文化，也无法从中感受中华文化的魅力，更不能在今后的学习和生活中持续不断地学习中华文化知识。这也就间接导致了学生对中华文化失去学习和了解的兴趣，阻碍了中华文化的铸牢与传承。

二、中华文化教育问题产生的原因

（一）学校层面

自党的十八大以来，学校中华文化课程进校园工作已经全面铺开，取得了不小的成绩，但是在教学目的、教学内容、教学评价、教学过程等方面还存在许多问题，暴露出学校对该课程建设重视不足的问题。

从教学目的角度来看，中华文化课程的开设是为了让学生了解和培养文化的自信和自豪感。中华文化课程教学目的的实现，不仅需要了解中华文化的基本现象，还要对其内容、应用以及学生的思想现状进行深入的研究。现在一些学校对中华优秀传统文化教育在学生思想教育中的作用和意义估计不足，没有认清其在学生思想道德教育方面的重要价值，更没有认清对学校思想政治教育的巨大意义，只将其简单地看作一门普通的课程，并未给予其更多额外的关注。还有一些学校受到急功近利思想的影响，在培养学生方面更多地注重出成果快、效果显著的学科，或是社会短缺学科，注重对学生专业素质的培养，因此一些学校的教育与就业率紧紧地挂钩，导致学校花大力气去开设更容易就业的专业，而忽视了对学生进行中华文化教育，忽视了对学生思想素质方面这种不能量化、对就业率短期内帮助不大的学科的扶持和帮助。还有一些理工类院校存在重理轻文的倾向，理工类院校将重点放在了能够培养技术型人才的学科建设和重要专业素质的培养上，不同程度地忽视了人文社科类学科的建设，但这是一个长期发展积累的结果，难以在短期内改变，有些院校试图扭转这种局面，但效果不是很明显。

从教学内容角度来看，中华文化博大精深、包罗万象，几千年来积累下来的文化内容如同星辰般浩瀚，如此众多的内容从哪方面入手、如何取舍、如何展现，是一个重要问题。从现有情况来看，部分学校的教学内容随意性大，可选择的内容、角度、种类大多不尽如人意。目前，学校没有从思想的角度对中华优秀传统文化的地理文化背景、儒释道、诸子百家进行总结和归纳，找出其基本思想；没有从物质文化角度入手，对古人衣食住行、琴棋书画礼仪等进行研究，找出其基本规律；没有从民俗民风角度入手，对地域风情、人物故事进行编排，找出其基本民风；没有从文化引领角度入手，对人物传记、奇闻异事进行细编，找出其基本精神；没有从艺术形式角度入手，对工艺制作、产品进行展示等，找出其基本文化内涵。

从教学评价角度来看，鉴于教学目的和教学内容的不统一，中华优秀传统文化教学评价也受到了影响。目前，能结合实际情况进行批判性思维的评价不多，以正面的肯定赞美为主。因为还没有批判性思维的权威性评价标准，所以教学评价一致性操作难以进行。在中华优秀传统文化课程教学过程中，如果学术性太强、太严肃，学生大多不感兴趣，喜闻乐见的“戏说”虽然可以激发学生的兴趣，可是教学目标的实效又会大打折扣。

从教学过程角度来看，很多人都把中华优秀传统文化课程当成是一种休闲娱乐性质的课程，课堂纪律、课堂组织、课程考核等方面都有应付之嫌。

（二）教师层面

中华文化课程的专业化教师队伍良莠不齐，很多教师并非国学专业出身，且教师培训、进修、再成长力度不够。

部分教师缺乏将传统文化思想融入学生学习和生活的意识。在学校的课堂上对学生进行中华优秀传统文化教育是每个教育工作者的职责和义务，一些教师认为对学生进行优秀传统文化教育是学校思想政治教育课、党务工作者和辅导员的责任，没有充分地认识到中华优秀传统文化对于学生成长成才的意义和价值。在具体的教育实践中，这些教师缺乏将中华传统文化思想融入学生学习和生活的意识，一些教师简单地认为对学生进行中华文化教育就是在过传统节日时，简单举办几项活动，因此忽略了利用自己课堂教学的阵地适时地对学生进行中华文化教育。学校各科教师都要根据自己学科的特点，从历史与现实、继承和发展等多个角度，将中华文化的思想融入学生的学习和生活中。

部分教师传统文化素养有待提高。一部分教师把全部的精力用于自己的研究领域和自己所学的专业，但他们接触到的中华优秀传统文化知识较少，传统文化底蕴不足，对中华优秀传统文化知识的了解比较浅显，只是停留在表面。教师一定要强化中华文化的学习，提高自身的传统文化素养，这不仅是教师自身成长的需要，也是培养全面发展的学生的需要。有的教师虽然能够在教学中适时地对学生进行中华优秀传统文化教育，但其本身对中华文化内容的思想和方法理解得不深、不透、不精，因此对学生开展中华的优秀传统文化教育不能入情、入理、入脑、入心，难以收到应有的效果。

（三）学生层面

中华优秀传统文化教育存在问题的学生层面的原因，主要体现在如下三个方面：一是学生对中华优秀传统文化的意义认识不足；二是学生缺乏远大的理想信念的支撑，三是学生缺乏中华优秀传统文化社会实践的积极性。

1. 缺乏远大的理想信念的支撑

人民有信仰，国家有力量，民族有希望，理想信念是一个民族和一个国家的精神支柱和灵魂，而理想信念的根就是中华民族的文化。个别学生在生活中没有较高的理想和信念，对国家和社会的未来不太关注，因此产生了生活没有信心、学习没有动力、精神没有支柱的情况。在这种情况下，他们的行为也开始出现偏差，表现出文明素养欠缺、社会责任感淡薄、道德水平低下等问题。出现这些问题的主要根源是个别学生缺少理想和信念的支撑，而理想信念之根需要中华文化之水来浇灌。

2. 缺乏中华优秀传统文化社会实践的积极性

一些学生对中华优秀传统文化价值的衡量多从功利性角度来考虑，因此学生中华的优秀传统文化社会实践行为就经受不住考验，对中华优秀传统文化缺乏情感归属与依托，功利性衡量趋势较为显著，显示出学生对中华优秀传统文化的实践积极性不高。

一些学生不愿意参加中国传统节日的活动，如重阳节、中秋节、清明节等，忽略了中华传统节日当中所蕴含的文化意义。总体来说，当代学生对传统文化节日的认同度不高。

第五章　中华文化铸牢与传承的路径

本章内容为中华文化铸牢与传承的路径，分别从四个角度进行分析，依次是以语言文字为中心铸牢与传承的路径、以化育知行为关键铸牢与传承的路径、以传播宣传为渠道铸牢与传承的路径、以体系机制为依托铸牢与传承的路径。

第一节　以语言文字为中心铸牢与传承的路径

中华民族拥有一种独一无二的文字系统——汉字。汉字是中国传统文化不可或缺的一部分，也是记录中华民族 5 000 年文明和历史的重要载体。汉字所包含的文化元素涉及中华民族的价值观念、思维方式、审美标准、历史发展和风俗习惯等多个方面。汉字历经数千年的沉淀与磨炼，凝聚着深厚的文化内涵。汉字作为一种文化系统，包含书法、碑刻、篆刻、诗词、楹联、灯谜等形式，还有识字、解字、说字、测字等，这些方面展现了其悠久的传统文化内涵。汉字是锻造和延续中华优秀传统文化的重要基石。推广和传承中华文化的一条重要途径就是学习汉字和汉语。毫无疑问，增强中国文化软实力、提高全球对中国的认同度、增强中华文化的吸引力，这些责任都需要汉字和汉语来承担。

一、汉字汉语与中华文化

汉字是用来承载汉语言的符号系统。汉字是人类最重要的代表文字之一，是唯一发源于公元前又活跃于当代世界的文字，是与苏美尔的楔形字、古埃及的圣书字鼎立的人类三大自源文字系统之一。

汉字是华夏民族自创的，它经历了长期的演变和修饰，与汉语的单音节、孤立型语言类型高度适应。汉字的类型受到汉语类型的制约，而汉语是建立在华夏民族文化类型基石之上发展演变而成的一种语言类型。华夏民族的历史是一部沿着向心凝聚式的轨道发展的历史。这样的发展历史，造就了华夏文化向心凝聚式的特质，也形成了中华民族注重民族团结、要求民族统一的传统和心理。汉语，这种在向心凝聚式的华夏文化基座上诞生的语言是一种结构简明，与人类思维逻辑保持惊人一致的语言类型。

语言是文化的一部分。汉语和汉字，孳乳于华夏文化，源自华夏文化，是华夏民族智慧的结晶。从广义上看，文化是由人类在经历社会历史演进的过程中所创造出来的包含物质和非物质方面的财富总和。从狭义上看，文化可以被定义为一种生活方式，它涵盖了我们日常的生存、思考、感受以及与他人交流的环境，是联结人们的“黏合剂”。① 语言文化是人类物质生活方式和精神生活方式的总称。由于不同的因素对各个民族产生影响，因此他们的生活方式各不相同，这导致文化也呈现出明显的族群特征。人们的物质生活是语言形成和发展的基础，而语言是在长期的物质生活实践中逐步形成和发展起来的精神象征。

文化的主要载体是语言。语言与特定的文化密不可分，因此语言所包含的文化信息是独特的。由于语言被广泛视为一种文化的反映方式，不同民族的语言呈现出与众不同的特点，这也意味着文化在语言上不可避免地产生了影响和制约。同样是“龙”，中国人认为其又喜庆又吉祥，而英美则认为很恐怖、凶恶。这种理解的差异主要源于不同生活方式的文化差异，而不是语言方面的不同导致的。文化差异会反映在语言形式上，导致人们在理解语言时遇到困难。

文化的发展离不开语言，正是因为语言的存在，文化才得以表达而且只有依靠语言才能得到发展和完善，同时文化的发展必然带动语言的发展。

语言和文化是紧密相连的，它们相互交融、相互支撑，不可分割。要学好汉语言必须同时学好汉语所负载的中华文化；要真正了解中华文化必须掌握作为该文化载体的汉语言。只有对中国的历史、文化、传统、风俗习惯、生活方式和生活细节有更深入的了解，才能更精准地掌握和运用汉语。在语言教学过程中，文化教学以语言教学的实际要求为基础，贯穿整个语言教学过程。

二、中华文化融入汉语言文学教学的价值

中华文化中包含许多有价值的思想政治教育资源。通过开设汉语和文学课程

① 葛星．中国文化场景中的对外汉语教学模式[M]．东营：中国石油大学出版社，2007.

来传授这些优秀的传统文化，不仅可以延续其价值，还可以推动文化创新的发展，两个领域的融合也包含着很多重要的意义和价值。

（一）推动中华文化创新性发展的现实需要

中华优秀传统文化是中华民族心灵的支柱，是社会主义核心价值观的重要发源地，也是在全球文化大潮中保持稳定立足的基石。① 在当前的现代社会和形势下，继承和发扬中华民族卓越的传统文化尤为重要，因为这可以增强自身对文化的信心，推动社会主义建设并让中华民族的文化繁荣再现。面对互联网和外来文化的冲击，我们需要开阔视野，推动中华优秀传统文化的发展，并将其融入中小学和高等教育课程中，以适应时代的需求。此举旨在构建一个“三位一体”的推动格局，包括社会教育、学校教育以及家庭教育。2017 年，中共中央、国务院印发《关于加强和改进新形势下高校思想政治工作的意见》，明确指出推广中华传统文化、革命文化和社会主义先进文化，同时推进中华文化传承项目，目的在于促进中华优秀传统文化在教育教学中的融合。② 自从党的第十八次全国代表大会以来，以习近平同志为核心的党中央一直强调文化自信的重要性，并有决心将中华优秀传统文化传承和发扬光大。只有将中华文化与现代中国文化有机地结合起来，才能展现其独特的魅力。

（二）提高汉语言文学教学实效性的必然要求

不仅社会有责任加强中华文化的传承，教育也有义务承担这一责任。随着文化多样性和全球化趋势，中国教育正迈入高水平发展阶段。学校应当以新的发展阶段和理念为指导，推动教育工作创新，探索适应新发展形势的发展机遇，不断探索更优质的路径，为实现可持续发展做出积极贡献。教授汉语言文学有着重要的使命，即保护和传承中国文化的遗产。这项教育任务在塑造人才、提升学生的文化修养和综合素质方面具有十分关键的作用。当前，汉语言文学教育还存在着几方面的不足，主要体现在重教学轻教育、重理论轻实践等方面，同时在教学中过于注重教师授课，而忽视了学生的主体作用。为了有效提升汉语言文学教育的

---

① 朱文斌，庄伟杰．语言与文化研究[M]．北京：光明日报出版社，2018．

② 王彦威．思政课程与课程思政双重视野下的高校传统文化教学[J]．文教资料，2021(6)：99—100．

水平，应该将汉语言文学教学和中华优秀传统文化有机地融合在一起。这样既可以加深学生对文化的了解，也可以激发他们的学习兴趣和积极性，进一步提高人才培养质量。

三、中华文化融入汉语言文学教学的策略

汉语言文学是高校教育体系中的重要专业，汉语言文学教育也是铸牢与传承中华文化的重要渠道。然而，在实际教学过程中，教师需要思考如何采用可行的方法来继承中华优秀传统文化。当前的课程教学中，许多教师对中华优秀传统文化的教学表现得不尽如人意，导致学生被动接受知识，难以激发其学习兴趣。因此，教师可以从以下几个方面尝试改进教学方式方法，将中华文化融入汉语言文学教学中。

（一）树立文化尊重意识，丰富汉语言文学发展形态

在开始讲授汉语文学课程，让学生传承中华文化之前，教师应引导学生关注相关的文化、政治和经济议题。除此之外，教师还应该督促学生形成一个崇尚文化、推崇传统的思想观念，以此激发他们的文化认同感。现今，中华文化在全球有着重要的地位，这种地位也推动了汉语的广泛传播。越来越多的国家设立孔子学院来推广中华文化。中华文化无法避免地与其他文化相互影响，对于学生而言，正确对待中华优秀传统文化与外来文化是一项需要面对的挑战。在当前开放的时代环境下，教师需要探究如何在汉语运用中达到平衡的状态，即在保持其特色和稳定性的同时，又要注重传承并深入挖掘中华文化。此外，汉语言文学课程也是传承和弘扬中华文化的重要途径。教师应该对该课程的结构有更深入的了解，并尝试开展多种形式的汉语言文学课程来拓展学生的学习方式。学校应开办有关中华文化方面的课程，为学生提供汉语语言基础知识，教授中华优秀传统文化，并创设富有特色的课程。在推广汉语言文学课程时，教师应该注重创新，激发学生对中华优秀传统文化的兴趣和热爱，并从多个角度深入分析其含义和发展历程。

（二）贯彻素质教育理念，引导学生辩证看待网络文化

随着素质教育观念的推广，教育界逐渐开始探索未来教育的方向。相较于传统教育，素质教育更加注重学生全面素质的培养。中华优秀传统文化在素质教育

中扮演着重要的角色，因此学校教育致力于将这一文化价值融入学生的意识中。在实际的教学场景中，教师需要完善汉语教学大纲，优化教学策略，并巧妙地利用各种教学资源，特别是在教学起步阶段，引导学生积极主动，避免采用过于被动的教学方式。这样可以更好地激发学生的学习动力和热情。教师还应该积极促进与学生之间的互动交流，激发学生的参与热情，以达到最优的教学效果。鉴于中华文化的相关知识呈现系统性，教师可以构建与中华优秀传统文化相关的场景，有助于学生更好地理解和领悟，同时也能减少学习上的困难。通过教师的指导，学生可以深入思考，梳理中华优秀传统文化的发展历程，并激发他们的责任感。

随着信息技术的飞速发展，学生在互联网上的使用频次和时间也随之增加了。然而，网络语言的运用也需要学生具备一定的辨别能力。所以，教师应该担当指导者的身份，帮助学生用辩证的眼光看待网络文化表达，改正和充实其中的内容，从而培养学生正确的文化价值观。在教学实践中，可以利用信息技术比较网络语言和中华优秀传统文化，以帮助学生意识到这二者之间的关系。这样可以让他们明白，在网络时代，也要肩负传承中华优秀传统文化的责任，同时也能增强他们的民族责任感。

（三）关注教师综合素质，强调专业学习方向及目的

在推进汉语言文学课程发展方面，教师团队的素质是至关重要的。中华文化具有广泛多样的内容，随着历史时期的推移，其特征也经历了不同的变化。进行中华文化教育需要教师具备广泛的素养。只有教师通过深入的讲解，将知识传授给学生，学生才能准确地理解和掌握知识。因而，教师应该将每个教学步骤紧密结合在一起，这样才能取得最优的教学成果。学校应该保持开放的创新态度，除了传授书本教学知识，还可以利用各种先进的教学技术和工具，让教学内容更加生动有趣。为了使中华优秀传统文化知识更加生动全面地展现，教师应善于运用信息技术和其他相关教学工具，还应带领学生进行实地考察和历史探究，以达到更深刻的理解和领悟。

学校不仅应该注重教师的综合素质，还应强调学生的专业学习方向和目标。尽管汉语言文学专业备受国内关注，但其课程建设仍有许多需要改进和完善的地方。例如，有些学校的课程规划尚不够完善，无法提供优质的教育环境和教学方

式，给学生的学习体验造成了不良影响。为了培养学生的文化素养和传承中华优秀传统文化的使命感，学校需要引导学生接触各种中华优秀传统文化，并开设特色课程丰富教学内容。在学习和交流过程中，学校应该同等强调汉语言文学以及中华优秀传统文化的重要性。为了达到这个目的，教师可以安排阅读汉语言文学论文的作业，向学生灌输鉴赏和分析的知识及方法，让学生进一步思考和理解中华优秀传统文化。

（四）重视人文素质教育，善于利用辅助教学设备

随着经济全球化的发展，大量的西方思想和文化涌入校园。教育界必须深刻认知社会现实，融合专业知识和人文素养，以不断提高汉语言文学教育的人文价值。随着汉语言的普及和孔子学院的增多，教师应该积极采用专业化的教学方法，向学生传授中华文化，帮助他们深刻体会中华优秀传统文化的魅力，并且让这些文化在他们身上充分发挥生命的力量。教师在授课时应当善于应用各种教学工具，运用不同的形式丰富每个学习阶段，并在此基础上激活课堂气氛，激发学生的求知欲望。汉语言文学课程所包含的知识点极为广泛，为了提高汉语教学的水平，教师需要尝试运用更多的教学方法。许多学校都为学生提供电子阅读室、多媒体教室等设施，这些设施可以被教师用来支持教学。此外，随着现代数字技术的飞速进步，汉语言文化的传播变得更加容易。利用数字媒体技术，教师可以开设公开课，引领学生从汉语的简单文字结构开始，逐步了解汉语的美妙之处，讲解汉语言文学的相关知识。

第二节　以化育知行为关键铸牢与传承的路径

为了巩固和继承中华文化，必须注重知识与实践的结合，加大认知教育的力度。熟练运用中华文化中的教育资源，可以强化传统文化教育的吸引力和感染力。加强对中华文化的教育不仅能够更好地宣传中国特色社会主义和中国梦，还能够增强文化自信。此外，它还是维护中华优秀传统文化传承体系、促进文明传承发展的重要工具之一。这也是培育和践行社会主义核心价值观的重要基础，需大力推行中华文化教育，以促进中华传统文化的传承和推广。因此，我们的注意力应

该集中在基础教育上，重视课堂教育的主导作用，并在教学和研究体系中坚持中华民族的文化基因和精神核心。需要重视知行合一的教育理念，并将其应用于所有人，而不仅仅是特定年龄段、职业、性别和民族的人群，同时也需要将“书香中国”的建设与铸牢、传承中华文化密切结合起来，全面推进对中华优秀传统文化的学习与践行。

一、中华文化教育的目标和原则

（一）中华文化教育的目标

1．促进青少年的自由全面发展

中国古代先贤历来把人的自由全面发展置于价值首位，追求至善至美的人生境界。老子告诫人们：“天之道，利而不害；人之道，为而弗争。”[①] 青少年是国家未来的建设者和接班人，身上肩负着中华民族振兴的历史重任，促进青少年的自由全面发展，是我们教育培养的目标。由此可见，教育与中华文化育人的价值目标具有一致性。教育是要培养德智体美劳全面发展的社会主义建设者和接班人，要培养青少年为人民服务的意识、为社会主义事业发展奋力拼搏的信念。中华文化的铸牢与传承也是为了培养有爱国主义理想信念、践行中华优秀传统美德的建设者和接班人。为了推动青少年的自由全面发展，并让他们在潜移默化中感受到传统文化的熏陶，需要采用各种科学合理的教学方法，让教育深入渗透。

2．为社会主义建设培养人才

教育是引导青少年树立正确观念的重要方式，能够有效帮助青少年提高认识世界和改造世界的能力。青少年作为新时代中国特色社会主义事业的建设者和生力军，肩负着国家的未来和希望，在青少年教育中融入中华优秀传统文化的教育思想，传承和弘扬传统文化，具有深远意义。中华优秀传统文化在 5 000 年的积淀中潜移默化地影响着每个中国人的价值导向和思维方式，通过中华传统文化的教育引领，培养青少年为国家繁荣奉献青春的爱国主义理想信念。青少年通过学习优秀传统文化，能够培养自身“先天下之忧而忧，后天下之乐而乐”[②] 的家国情

① 李耳．道德经[M]．安伦，译．上海：上海交通大学出版社，2021.

② 李若冰．中华优秀传统文化读本[M]．昆明：云南大学出版社，2020.

怀，自强不息的奋斗精神，以及“老吾老，以及人之老；幼吾幼，以及人之幼”的仁孝之心。通过中华优秀传统文化教育，在青少年群体中产生凝魂聚气的作用。

（二）中华文化教育的原则

中华文化历经数千年的发展，在传承与创新的过程中蕴含了丰富的教育内涵，是古人智慧的结晶和宝贵的财富，是中华儿女生生不息的精神支撑。在青少年教育过程中，我们需要大力弘扬中华优秀传统文化，深入挖掘传统文化的精髓，以培养青少年良好的人格及品德，为国家培养优秀的全面发展的人才。在学校教育中，要充分利用中华优秀传统文化教育资源，弘扬中华民族基本精神，这对于摆正青少年的思想价值观念、提升其道德品质等有重要作用，因此我们需要充分发挥传统文化的教育功能。新时代青少年传统文化教育需坚持以下5个原则。

1. 理论与实际相结合的原则

中华文化教育需要坚持理论与实际相结合的原则，根据青少年思想的发展节奏，在理论教育的同时，提升其联系实际的能力。例如，在引导青少年学习中国传统“忠孝仁义礼智信”文化内容的同时，结合开展爱国主义教育、理想信念教育、道德教育、身心健康教育等。在教导青少年树立“仁者爱人”的思想方面，可以结合当下培育和践行社会主义核心价值观的主题教育。要让青少年了解中华优秀传统文化，还可以利用春节、清明节、端午节、中秋节、国庆节等传统节日的仪式活动，来开展传统文化的仪式教育，这也是培养青少年爱国主义精神的重要途径。此外，可以通过参观文化场馆等青少年喜闻乐见的活动，让青少年通过情感体验和社会实践，形成热爱中华优秀传统文化的氛围，真正做到价值引领，不断增强青少年的文化归属感，达到文化育人的目的。

2. 实践性原则

中华优秀传统文化教育要贴近青少年生活、符合青少年实际，这是教育青少年发扬中华民族优良道德规范，承担铸牢与传承中华文化的有效途径。中华文化要融入青少年教育过程中，在掌握青少年的实际情况下，传统文化教育要积极创新、因人制宜、因材施教，从而引导青少年成长成才。例如，学校教育中要有效培养青少年的爱国主义精神，就需要把中华优秀传统文化教学与爱国主义相联系，通过学习中华优秀传统文化深入了解中华民族的伟大历史，从而增强青少年的民族认同感和自豪感，激发青少年浓厚的爱国主义精神。在进行传统文化教育时，可以鼓励青少年面向社会广泛开展各类社会实践、志愿服务等活动，践行爱心行动，锻炼自我，服务社会，激发青少年的学习兴趣和主动参与的积极性。此外，可以运用中华优秀传统文化典故、寓言故事、史书典籍等来规范青少年的思想和行为方式，通过寓教于乐的方式增强青少年的社会责任感，引导其用所学知识回报社会。

3. 开放性原则

人类在漫长的历史长河中，创造和发展了多姿多彩的文明，这是世界各族人民的共同成果。中国的发展离不开世界，中华文明需要在与世界文明的交流互鉴中获得深化。毛泽东同志曾亲笔题词："百花齐放，推陈出新。"① 为的文化艺术的发展指明了方向，也是我国繁荣文化的重要方针。文化需要多样化地发展，多元文明间的交流对话成为必然趋势。因此，我国要树立开放观念，主动学习借鉴世界先进文化，为我所用。随着我国国际地位的逐步提高，向世界发出中国声音、传递中国文化都离不开中华优秀传统文化的支撑，也需要赋予中华优秀传统文化新的时代内涵，更重要的是在保持自身独特性的同时，借鉴、吸收世界各国优秀文明成果，博采众长、兼收并蓄，在国际文化交流中彰显中华文化的包容与创新。青少年在接受传统文化教育时，应该拓展全球化思维，并具备解决问题的能力。在中华优秀传统文化中深入挖掘其历史和时代价值，积极促进与世界其他文化的互通互鉴。这样可以使中华优秀传统文化不断发扬光大，同时也为全球文化的交流与发展做出贡献，实现文化"引进来"与"走出去"。

4. 创新性原则

创新是一个民族进步的灵魂。中华优秀传统文化在推进改革开放进程和社会主义建设方面发挥着不可忽视的作用，这离不开传统文化的创新与发展。习近平总书记强调："要推动中华优秀传统文化创造性转化、创新性发展，以时代精神激活中华优秀传统文化的生命力。"② 中华优秀传统文化教育需要不断更新创造、不断实现自我超越，才能持久推动中华民族向前发展。新时代中华优秀传统文化教

① 毛泽东．毛泽东文艺论集[M]. 北京：中央文献出版社，2002.

② 习近平，大力弘扬伟大爱国主义精神为实现中国梦提供精神支柱[N]. 人民日报，2015-12-31（1）.

育不是全盘接受、食古不化，而是有扬弃地予以继承，取其精华，去其糟粕，在继承的基础上不断创新，使中华优秀传统文化教育贴近当下、契合时代。坚持创新性原则，这是正确对待中华优秀传统文化的态度，也是传统文化教育的必然要求和获取教育实效的重要保障。

5. 以人为本的原则

新时代对青少年的传统文化教育一定要充分尊重青少年自身的兴趣爱好和精神追求，通过润物细无声的教育，促进青少年学习中华优秀传统文化。要在尊重青少年主体性的基础上，最大限度地发挥青少年的主观能动性，这样才能帮助青少年更好地由被动学习转为主动学习，增强学习效果。在传统文化教育中，激发青少年的民族自豪感和荣誉感，对中华民族英雄心怀敬意，引导青少年在传统文化的学习中树立正确的历史观和民族观，都需要充分调动青少年学习的主动性、积极性，促进青少年在学习传统文化的同时，实现知识、智力、能力、潜力全面发展。

二、中华文化教育与现代教育理念的和谐统一

将传统文化教育与现代教育相融合不仅是时代的要求，也是教育本身的要求，同时又是文化自身发展的要求。教育理念是一个内涵很丰富的概念，它是对关于教育宗旨、教育目的、教育目标、教育原则等内容的最基本的看法，是教育主体在教学过程中形成的对“教育应然”状态的理性认识和主观要求。现代教育理念包括以人为本、全面发展、主体性、系统性和创造性等。中华文化教育融入学校教育，首先应该确保其与现代教育理念的和谐统一。

（一）中华文化教育要符合现代教育的本质

在古代，教育体系主要是为了服务于统治阶级。虽然孔子提倡平民化教育，打破了贵族对教育的垄断，但教育的根本目的仍然是维护统治阶级的利益。现代教育的中心理念为，教育是通过培养个体的能力来促进个人与社会的协同发展，以求达到育人目的的一种活动。

教育是一项符合特定社会需求来培养人、促进人成长发展的活动，也是培养人的过程。教育可以被看作是一种促进个体身心发展的过程，它能够帮助个体适

应生活和环境的变化，不断地积累并整合经验，实现社会化；教育是一种向下一代传承知识和文化，以培养有助于社会进步的建设性人才的过程。教育活动旨在协同教育者和受教育者，其核心目标在于促进受教育者的身心发展。

在社会变幻莫测、思想多元的背景下，改革开放带来了许多前沿科技、先进思想和文化理念，但同时也给那些对进步有所顾虑的势力提供了可乘之机。因此，中华文化教育一定要符合现代教育的本质，符合现代教育培养人、促进受教育者身心发展的要求，从而使中华文化教育的开展更有目标、更有针对性。

（二）中华文化教育要符合现代教育的目的

2015 年，中央办公厅和国务院办公厅联合发布《关于进一步加强和改进新形势下高校宣传思想工作的意见》，意见指出应该在高等教育的各个环节中，贯彻和落实社会主义核心价值观，同时更好地挖掘和传承中华优秀传统文化。2017 年，中共中央办公厅、国务院办公厅印发了《关于实施中华优秀传统文化传承发展工程的意见》。两份文件均强调了中华优秀传统文化教育的重要性。中华优秀传统文化教育在一定程度上推动了传统文化的复兴，而传统文化的概念以及范畴的界定还存在模糊性。特别是在现代语境下，现代与传统互相交融，导致关系变得错综复杂。

古代教育的目的是培养符合统治者要求的人才，并使普通民众接受社会现实，避免他们反抗。现行的教育目的是培养全面发展的人才，使其在德、智、体、美、劳等多方面具备能力，推动社会主义事业的发展，成为社会主义事业的建设者和接班人。

中华传统文化博大精深，随着时间的推移，人们逐步形成了一套符合本民族文化、特点和内心需求的文化体系。这种文化体系兼容物质和精神领域，而传统文化教育则更注重培养人的内在精神层面。由于传统文化已经深入人们的行为和认知方式中，因此在行为模仿和价值传承的过程中，传统文化已经成为个体内在的特质。中华优秀传统文化教育的核心在于继承和弘扬传统文化的精华，以此彰显其价值，并借助以积极角度为基础的教育内容来实现此目标。科学审视，合理借鉴。中华文化教育不仅需要从大众的视角，而且需要从培育中华民族之根的角度出发，理性地审视中华优秀传统文化对于现代教育的价值。

（三）中华文化教育要与现代教育的内容与方式相一致

教育内容是被选择出来的文化要素的总和。这些要素可包含知识、技能、行为规范、价值观念和世界观等方面，其目的在于达成教育目标。教育方式是根据不同学生的不同特点，包括学生的接受能力、奋斗目标、人生取向而采取的手段和措施。

中国古代教育的内容以伦理道德为主，一般文化知识为辅。也就是说，在古代教育中，一般的文化知识教育都要服从和服务于道德教育的需求，儒家的教育思想提倡在较为全面教育的基础上对德育进行大力倡导，这种教育在一定程度上属于以德育为主的通识教育。现代教育的内容范围较广，除了设定课程与教学目标外，还包括主持教学的人员、授课方式、学校配备的教育设施及学生学习水平的评估标准等方面。素质教育是现代教育的一大核心理念，要求学生思想教育与专业技术教育要齐头并进，学校教育要促进学生的全面发展。在中华优秀传统文化教育中，不仅倡导学思并重，更提倡学、思、行三者并重。

经过几千年的发展演变，中国传统教育积累了丰富的教育经验和教育智慧，并传承至今。这个教育体系无论从教育目标、教育内容、教育哲学，还是从教学方式、学习方法的角度来看，都具有极大的参考价值。传统文化教育应该以中华优秀传统文化的教育目标为基础来进行规划，在兼顾传统文化教育核心内容的前提下，遵循学生认知规律和现代教育的特点、教学标准。应当按照整体化、分学段、按层次和全力推进的原则，积极推进传统文化教育的开展。把中华文化教育贯穿于幼儿教育、初等教育、中等教育、高等教育的全过程，采用以情化人、以身教人、以德塑人、因材施教等教育方式，持之以恒地对学生进行中华优秀传统文化教育，使学生“志于道，据于德，依于仁，游于艺”，坚持学习圣贤经典，立志修身养性，完成修身、齐家、治国、平天下的伟大目标。

三、中华文化教育与学科教学的融合

实施中华文化教育，必须围绕立德树人的根本任务。有意识地遵守学生认知和教育教学规律，以一体化、分学段、有序推进为原则，将中华优秀传统文化贯穿思想道德、文化知识、艺术体育和社会实践等领域。中华优秀传统文化融入学科教学是传统文化进校园的主渠道，在学科教学中，以主题为导向、实施主题教学是传统文化融入学科课堂的捷径。

学校教育是学生个体成长过程中的主要教育形式，对于延续传统、传承文化具有不可替代的作用。而学科教学是整个学校教育的基础所在，为了达到保护、传承和发扬本民族精神和文化特色的目标，各个国家在不同历史时期都注重使用学校教育来传承本民族优秀的文化。因此，在探索如何将传统文化融入和贯彻学科教学方面具有很大的意义。中华文化教育可以通过如下方式融入学科教学。

（一）找准中华优秀传统文化教育的触发点和共振点

在学科教学中，将优秀的传统文化与课程相结合是非常重要的。找相关的素材，引起学生情感、生活或文化方面的共鸣，充分利用文化遗产，明确文化主题，带领学生开展多维学科学习，感受中华优秀传统文化的价值。通过经历、认知、欣赏等途径，培养学生的基本素养，提升爱国信仰，为个人全面发展打下坚实的基石。

（二）加强中华文化与学科的有机渗透

要在不同的地区或学校成功地推广中华优秀传统文化教育，需要考虑到当地的地域文化、教学设施以及学生群体的不同特点。可以采用多种不同的教育模式，并发挥各自的优势、相互合作，以实现最佳效果。根据各学科的特点，挑选相符的传统文化素材，将中华文化与学科进行自然、有机的结合。

如今，各大学的专业学科课程逐渐融入了传统文化元素，例如：旅游专业会探讨古代民俗文化、古桥等相关内容；数学专业包括学习古代数学家和历史上与数学相关的人物内容；音乐专业课程学习有关中国戏曲、古典舞蹈和民族服装的内容；美术专业的课程包括但不限于国画、陶艺、刺绣等；体育专业课程包括中国武术等内容。这些教育资源在各学科教学中都是潜隐性的，需要教师在教学中不断地积累和挖掘，并在学科教学中有机渗透，做到润物无声，让传统文化思想在潜移默化中发挥作用。只要我们充分利用课程资源并引入中华优秀传统文化元素，就可以在各学科中实现优秀传统文化教育，而这种协同作用会达到事半功倍效果。

（三）开发学校隐性课程的文化教育功能

中华优秀传统文化融入隐性课程教育的可行性体现在两个方面：一是文化本身的内在确定性；二是优秀传统文化与隐性学科教育在内容和思想上的有机契合。要注意研究和有效利用中华优秀传统文化融入隐性课程教育的途径，不断探索和开发隐性课程与中华优秀传统文化教育相结合的模式，结合学科的内容和特点开展丰富多彩的文化活动，要结合学科内容的思想合理利用社会资源。学校应该意识到大学各学科课程不仅可以传授知识，而且可以起到传承传统文化的作用。除了在课堂上教授相关内容外，还应该注重学校的潜在传统文化教育资源，如校园、课堂、教材、活动等方面，将它们应用于日常教学实践，切实践行传统文化教育的理念。

（四）中华文化教育要信、解、行、证

传统文化的发展历史表明，只有当学习内容与学习者的实际生活发生密切联系时，学习才是有效的，学习者才能把学到的知识转化为自身的行为动力。在学校学科教学中，要实现中华优秀传统文化教育的目标，无论是提高学生的文化素养、民族意识等综合素质，还是对学生进行人格培养，不仅可以通过单纯知识的传授达到，更要通过活动这一载体，通过活动感染学生、激发学生的发展潜能，并让学生成为真正的主体，在活动中获得具体的切实的体验，才能更好地使学生的认知得以内化，行为得以改善，从而促进其身心和谐发展。

中华优秀传统文化教育不仅要对学生进行理论教育，还要让学生信、解、行、证，这是学习中华优秀传统文化的一般进程。信，即对中华文化具有正信，充分相信中华优秀传统文化的意义和作用；解，即对中华优秀传统文化的基本思想能够正确理解，在思想上达成共识；行，就是要依照圣贤教育的思想和智慧修正自己的行为，提高自己的素质；证，证明中华优秀传统文化是我们中华民族的美丽瑰宝，使学生能够获得快乐、健康和幸福的人生。

将信、解、行、证四个步骤有机地结合是必要的，这样可以有效地转变道德观念，并将所学的知识内化为核心价值观或个人信仰，从而在日常生活和行为中得以体现。因此，在进行中华优秀传统文化的教育教学活动时，需要构建各种不同形式的活动平台，以使新时代的精神和生命力得以注入中华优秀传统文化中。

让学生参与实践活动，深入领略中华文化的精髓，逐步获得相关经验并加以消化，最终促进自我发展。这样可以激发学生对于传统文化的热爱，让他们成为积极探索和支持传统文化的倡导者。通过实践行动，他们也会深刻感受到中华文化的博大精深，不仅能自觉地传承民族文化和提高道德修养，同时也会增强责任感。

总之，中华优秀传统文化是我们中华民族的血脉，中华民族辉煌的历史是国家的根基。不忘历史，才能开辟未来；留住血脉，才能走向复兴。作为一名教育工作者，要紧密结合时代特色，让中华优秀传统文化走进校园、走进课堂、走进学生，为中华优秀传统文化创造良好的学习氛围，在各学科的知识讲授中传承和发展中华优秀传统文化。

第三节 以传播宣传为渠道铸牢与传承的路径

一、传统媒体传播策略

在新的传播环境下，传统媒体需要担当文化传播的重任，并且适应新的媒体角色。为了应对这一挑战，他们需要重新审视自己作为资源整合者的角色定位，并积极利用微博、微信以及其他新型网络平台来推动业务发展。此外，他们需要开发文化资源、调用社会资源，加强官方微博的经营和管理，为文化传播做出贡献。

（一）传播角色的“微调”

微环境的出现不仅改变了媒体传播文化的方式，还迫使媒体重新审视其在文化传播活动中的作用和位置。在当下日益变化的传播环境中，传统媒体作为一种可信度高、资源丰富的传播方式，应该发挥它的优势，适当地调整自己的传播角色，打破固有形象，创造出亲民化的传播渠道。在文化传播方面，传统媒体应该坚守传播者的角色地位，同时强化整合资源和开发产品的功能，在积极承担整合文化、社会和媒体资源的任务上主动作为。

每个地域的文化是丰富多彩的，而且每种文化都呈现出层次丰富、多面性强的特征。对于一种文化，人们可能会有多种不同的观点和理解方式。这种多样性一方面有助于推进言论自由和多元化，但另一方面也可能造成过多信息的混乱和无从选择的迷茫，从而削弱了文化的影响和传播效果。因此，传统媒体作为具有公信力的机构，应主动承担起文化资源整合的责任，通过整合政府机构、文化传承者和社交媒体等各种资源，最大限度地传达他们对文化的理解和认知。

传统媒体在社会资源的掌握和挖掘方面具备更大的优势，应该与私营媒体公司、各种民间组织建立紧密的合作关系，倡导包容的态度，调动社会知名人士、广大市民群众的参与积极性。以传统媒体为主要引领力量，全社会共同传播城市文化。传统媒体应该主动寻求社会资源，与高校、传媒公司、民间艺术团体、知名艺人开展各种合作，以吸引更多的人参与其中。传统媒体在重新整合社会资源方面发挥了重要作用，有效地履行了传播城市文化的职责，同时提升了媒体自身的吸引力和知名度。

（二）传播产品的“微型”

文化的传递是通过产品来实现的。一部大制作需要投入大量的时间和资金。“微型”指微制作、微投入、微时长。在开发文化传播产品时，可以通过大制作产生强烈的视听冲击力和较大的影响力，达到短期内持续的关注和影响；通过“微型”制作吸引大众的参与，并实现渐进式的推广效果，从而塑造多层次、立体化的宣传作品。

传统媒体应该与当地高校、传媒公司、社会团体和居民社区积极合作，共同开发一系列微型文化产品，如微电影、微剧本、微小说等，发挥媒体的资源整合和文化传播作用。传统媒体可以利用自身的媒介特点，在开展微型作品征集、展览、评比等活动方面发挥作用，以此促进广大群众的积极参与和广泛宣传。

（三）传播渠道的“微扩”

微环境下的受众具有使用互联网的阅读渠道的倾向。由于无线网络的不断扩展和受众终端的多样化，人们已经习惯在任何时刻、任何地点以及任意方式下获取信息。微博和微信已经成为人们常用的信息传播渠道。近年来，日益增多的传统媒体开始在社交媒体平台上设立官方账户，尤其是在受传播范围限制的地方媒体借助微博、微信等平台，成功打破地域的限制，实现了跨界传播，展现了传播渠道“微”扩张的魅力。

随着官方微博的普及，越来越多的报纸、电台、杂志开始利用这个新的传播平台与受众建立更亲密的联系。官方微博在节目预告、信息收集、意见反馈以及增加关注度等方面都扮演了重要的角色。地方传统媒体纷纷在官方微博上进行了建设和管理，但他们的经营和维护稍显滞后，必须持续地投入建设和经营精力，才能实现跨区域传播。地方传统媒体虽然能够获得本地各种信息，但没有意识到利用微博这个平台来传递信息；有足够的媒体从业者，但没有专门管理微博和网站的人员。

二、影视作品的跨文化传播策略

（一）中国电影的跨文化传播策略

随着全球化的发展，跨文化交流越来越显著。中国电影作为一种大众传媒工具和意识形态载体，应该主动积极地参与国际间的文化互动，积极应对市场竞争的挑战。电影是一种被广泛接受的传媒，是艺术、影像和文化产业等不同领域的结合体，同时也是一种意识形态。为了最大化地发挥中国电影的文化和经济价值，必须深入探索影像跨文化传播的功能，让中国电影在国际舞台上充分发挥影响力。

1．国际化与本土化的契合

要让中国电影在国际上得到更广泛的传播，需要将电影的艺术特点、文化元素和影像信息巧妙地结合起来，从而提升其传播效果。根据实践，电影若过度追求本土化或国际化，则会对跨文化传播产生负面影响。坚持狭隘的民族主义观念不利于民族电影的发展，限制电影交流的广度和深度。因此，有必要超越民族视野，打破传统局限，展示更为广泛的审美范围，以促进民族电影艺术的交流和发展。然而，若一部电影仅聚焦于适应国际观众所接受的电影元素，这将使该影片失去其独特的文化特征，从而导致其文化价值不能作为信息资本的必要条件。电影跨文化传播的成功与否，关键在于能否找到一个相互契合的点。

（1）本土化与国际化共存

就电影文化而言，我国应该重点挖掘那些体现本土特色，同时又具有全球共识的“文化资本”，以此来加强对外传播。电影传递的文化信息结构十分复杂，它不仅包括外在的表征，如人物的肤色、服饰、语言、建筑和饮食，也包括更加深层的内在意义，如人际关系、生活习惯、民俗仪式和价值观念等。从中国电影的角度看，20 世纪八九十年代出现了第五代导演，他们推动了“新民俗片”的发展。这些作品包括《黄土地》《红高粱》《菊豆》和《大红灯笼高高挂》等。此外，《二嫫》《五魁》《黄河谣》《红粉》《炮打双灯》和《风月》等，也采用这种文化策略，在国际上取得了巨大的成功，将中国电影推向世界。

实际上，WTO 促进了中国电影工业与国际电影工业的深度融合，从而让中国电影更加注重开拓国际电影市场。在这种情况下，国际电影市场对中国电影的重要性得到了进一步的提升，许多电影在国外取得了不错的票房成绩。

《卧虎藏龙》《英雄》《十面埋伏》等武侠大片成功运用了这种文化融合策略，将中西文化巧妙结合在影像之中，实现了“双重编码”，进而成功地在欧美主流电影市场上占有一席之地。李安的《卧虎藏龙》创造了华语影片在欧美影院上映时间最长的纪录，而张艺谋的《英雄》则开创了中国电影进军国际市场的新时代。

有人认为《卧虎藏龙》之所以能够成功地进行跨文化传播，是因为该电影在制作过程中使用了国际化的演职人员；运用大量电脑数码技术，创造具有超现实主义色彩的武打场面，呈现出“远离”华人的武打效果；其文化主题涉及摩擦和再融合。其高明之处在于捕捉两种文化、两个市场的“结合点”。

（2）精心选择电影题材

就电影的主题和宣传内容而言，中国电影应该仔细挑选，以便能够引起观众的共鸣。中国电影想要扩大其国际市场的影响力，主要面临的难题是题材过于狭窄，难以突破限制。我国拥有悠久的历史文化，其深厚的底蕴孕育了独特的创作源泉。

中国电影要在扩大国际市场方面取得更大进展，除了开发本土题材之外，也需要着重探索跨文化和国际题材。只有根据目标受众的需求制定合适的题材资源策略，才能在国际影市实现成功。在我国的影视作品中，缺乏能够达到国际题材水平的作品。在老人、残疾人、妇女等题材方面，中国电影的创作实力有待提升。随着社会的不断进步，中国电影也应当关注更为多元化的话题，需要实现“族意识”到“类意识”的转变。在电影和电视节目中，关注民族性是必不可少的，但是在当今世界一体化的背景下，中国电影应该更加注重人类共同的特点，在类意识和族意识之间进行比较时，类意识是更高层次的认同形式。因此，任何过于狭隘的民族主义都无法令人满意。

中国电影应该更加注重探索中国人与外国人之间的互动关系，并深入研究中外文化、思维方式的冲突和融合。这种题材策略上的改变呈现出民族电影正朝着全球化方向发展的迹象，这也是电影的一次有益尝试，值得肯定。在当今全球化时代，电影导演需要将视野聚焦在不断变化的社会环境上，特别关注那些身处边缘地带的人物及其异常艰辛的生活，这种“边缘题材”与全球化时代的世界性关注相得益彰。电影的题材具有强烈的独特性，艺术表现力更是非常重要，边缘化的电影题材加上独具特色的艺术表达，就能取得良好的效果。中国电影具有丰富的题材资源，应该拥有开放的思维和世界性的眼光，充分发挥自身资源的潜力，积极探索新的题材，借助电影的跨文化传播能力，让中国电影在全球范围内产生重要影响。

（3）借鉴国际化的电影语言

在制作电影时，我国应该借鉴国际化的电影制作技巧，并在保留自身独有美学风格的基础上勇于创新，以提升电影的艺术水平。电影的表达方式主要有两种：一种是通过动态的影像来表达；另一种是通过对话、旁白等概念语言来表达。这些表达方式的关键在于影像符号的表现力。梵诺伊（F.Vanoye）提出了独特的编码方式，综合了摄像机运动、画面大小变化、影像蒙太奇、场外用法、电影特技以及音画字。他觉得电影的魅力之处在于它具备最强大的摄录能力，可以填补其他很多艺术形式的不足之处。电影是一种能够最大限度还原事物的艺术形式，包括写实和特技、影像蒙太奇的“作假”（montage sequence）。学者魏奈（M.Vernet）提出了“电影非特殊符码”的概念，其中包括涉及透视法的“知觉式符码”、涉及文化背景的“认识性符码”、涉及个人偏好的“感性符码”、涉及精神分析的“潜意识符码”以及涉及叙事的“叙述性符码”等多种元素。通过使用符码，电影艺术成功地突破了视听限制，创造出了一个充满生动色彩和极具吸引力的“梦境世界”。中外电影在本质上并无差别，只有靠创新的电影艺术表达才能获得观众广泛的认可。虽然中国导演的艺术风格和美学追求各异，但是他们的电影都有一个共同点，就是展现了中国传统文化与现代意识之间的碰撞，呈现出中华民族电影独有的文化和审美价值。

如果没有这种现代的艺术表达方式，中国电影就难以在跨文化传播中获得优势。尹鸿先生概述了中国电影国际化艺术策略的要点，包括采用“非线性、非传统的叙事结构”，摒弃了经典好莱坞的“冲突—解决”模式以及封闭式结构，不再拘泥于传统的善恶因果关系；采用“自然朴实的蒙太奇形态”，与好莱坞电影的夸张、跳跃、紧凑和戏剧化风格不同，更注重运用静态画面和平缓的蒙太奇联结，有时甚至呈现出中国山水画、水墨画的特色，画面广阔、造型平缓；采用“纪实化风格”，通过反好莱坞的纪实手法来叙事。①

2. 让西方观众进入东方情境

要实现跨文化传播，必须确保包含传播主体、接收者（传播对象）和传递的信息三个关键要素才能实现有效传播。这三个因素影响着跨文化传播的效果。

人们在处理信息时，需要决定哪些信息值得保留以及选择传递信息的方式等。当前社会中，媒体所呈现的“象征性现实”扮演着至关重要的角色，能够影响人们对真实世界的认知和理解。媒体对受众的影响属于长期的、不断渗透和培养的过程，其效果潜移默化，逐渐影响着人们的现实观。格伯纳（Gerbner）等人将这一研究称为“培养分析”。这个理论揭示了大众传播媒体如何影响人们的现实观念，以及影响是通过什么方式实现的。

（1）主体策略

中国电影人需要拥有国际化的视角，在传播时避免过于强调本土情结和单一的视角。他们需要采用现代化和全球化的视角来审视中国本土文化，以及中西文化的异同之处。

只有具备创新性的作品才能为本土电影产业的历史进程注入新的活力，塑造一个繁荣、可持续发展的电影市场。中国电影需要人才的支撑，在中国电影市场中，只有极少数几位导演成功地打造出了国际知名电影品牌。虽然部分新生代导演表现出色，但要让中国电影成为国际品牌，仍需克服诸多难题。

（2）受众策略

为了在国际市场上占据一席之地，中国电影需要培养具有国际影响力的观众群体。中国电影为外国观众提供了一种了解中国人和中国文化的方法，通过刻画

① 顾广欣．新中国少数民族题材电影生产与传播研究[M]. 上海：上海交通大学出版社，2017.

“拟态环境”或“象征现实”的方式，让外国观众形成了对中国形象的印象。中国电影需要巧妙地利用电影媒介的独特性质，并采取适宜的文化传播策略，以逐渐积累并逐步强化其对观众的影响。通过这种方式，海外观众可以更深入地了解和欣赏中国文化，并对中国电影产生浓厚兴趣。

要让中国电影在国际市场上受到欢迎，就需要深入研究国际观众的偏好和观影心理。中国电影应该关注引导观众养成符合国情的审美观。艺术以美为准则进行创作，能够让接受者感受到美的精神享受。艺术传播者不能仅仅展示艺术品，而应该积极地肩负起培养人们欣赏美的能力，以及引导人们朝着高尚艺术和健康审美观的方向发展的使命。

人们的艺术审美趋向与其所处的地域文化、民族文化的艺术相吻合，因为他们与自己熟悉的文化产生共鸣；人们也因求奇、求新及对陌生事物的渴望而接纳不同地域、不同民族的艺术作品。因此，越具有民族特色的艺术，越容易被世界所接受。中国电影需要在满足国际观众对审美心理和艺术爱好的需求的同时，不断创新，提高观众的艺术鉴赏水平。

（二）中国电视的跨文化传播策略

电视是一种传统的大众媒介形式。电视的制作和播放过程对社会生活和个人生活有着直接或间接的影响。这些逐渐积累的影响构成了一种文化，可以被称为电视文化，其中蕴含着众多有益的元素。电视的作用不仅限于传播信息，还包括教育、服务、娱乐和引导等方面。虽然电视具备多种文化功能，但其传播作用是最为根本的，其他功能都是由传播功能所衍生的。

电视被赋予了向外传播信息的责任，这不仅是时代的要求，也是因新媒体的冲击而产生的结果。随着我国在全球政治、经济和文化等方面的地位日益提高，我们需要在推广文化方面加强交流与合作。

文化记忆在社会化过程中形成，是文化得以发展和传承的重要因素。在当下媒体商业化的背景下，电视媒体通过唤起文化记忆来提升其传播效益和文化效应，这在纪录片《舌尖上的中国》的热播中表现得尤为突出。

1. 发挥电视文化传播的人文价值取向

电视媒体是广受大众欢迎的最主要的信息传播手段之一。其优点在于它结合了综合媒体和现场媒体的特点，通过完美结合的声音和画面，传递出强烈的现场感，从而更容易吸引受众的注意。在传播过程中，受众的反应时间也大大缩短，因为电视影像可以将传播主体转化为最形象化的形式。

在电视媒体领域，可以寻找各种不同类型的节目，如电视剧、谈话类节目、新闻节目以及纪录片等。中国中央电视台出品的《舌尖上的中国》是一部美食类纪录片，通过对中国饮食的各个方面进行记录，诠释了食物在中国文化中象征和传承的意义，包括仪式、社会伦理等方面。通过记录手艺传承人的烹饪技能和食材来源，反映了中国人对生活的追求和对美好未来的向往，同时展示了中国人自强不息、不畏艰辛的精神。通过纪录片如《舌尖上的中国》，电视媒体在传播中国文化方面所占的优势更加突出。

（1）电视的视听优势

尽管《舌尖上的中国》与历史文化类纪录片不同，但其主题中华美食备受外国观众欢迎。这是因为美食是超越国界和种族的共通情感，是一种全人类的精神纽带。通过运用镜头表达视觉效果，通过流畅的文字描绘美食的内涵，将其自然地与中华文化相结合，配以优美的音乐，从而达到完美的听觉享受。纪录片中的画面和声音同样重要。二者相互协作，既能突出不同方面，又能保持灵活性。画面的运用可以扩大传播的受众范围，因为它没有受到年龄和文化教育程度的限制，方便各个年龄段、文化背景的人观赏；利用声音，有助于受众更深入地理解所要表达的内容和想法。电视作为一种融合了声音和图像的媒介，在向外宣传中国文化的过程中，可以最大限度地发挥其视听优势。

（2）电视的叙述优势

在纪录片中，视听元素被巧妙地组合和调整，以构建一个有意义、流畅的故事线。电视具备独特的“讲故事”优势，它运用声音和画面的关系，在表达多个主题时，让画面渐渐消失再渐渐出现，辅以解说词语，使得原本复杂的故事得以顺畅过渡。电视纪录片通过讲述一系列故事，突出主题，极具说服力。观众通过观看画面和听取旁白，能够获得真实感和认同感。这些故事展示的主人公可能就是日常生活中的普通人。通过揭示他们平凡而鲜为人知的一面，让观众更深刻地认识到了当代中国人的真实生活，以及中国这 5 000 年的文化传承和精神。

（3）电视的教化优势

电视是一种被广泛使用的媒介，能够通过传播信息来影响观众的思想，对大众产生教化的作用。由于电视节目可以传播信息和知识，因此提高其文化和教育价值是必要的。这不仅可以对本国观众进行启蒙教育，也可以在国际传播中负责传播和宣传本国文化。在故事的深层，隐藏着文化方面的要素，其中包含信仰、社会观念、道德准则等文化元素。作为一种文化传播的形式，电视纪录片能够呈现和传递多种文化和价值观。《舌尖上的中国》以中国人对美食的热爱为切入点，将美食背后蕴含的文化娓娓道来，无形中扩大了电视传播的文化影响力。

2. 电视节目类型多样化策略

电视节目的种类繁多，可以通过不同的节目类型来进行创新。为了满足对外传播的需要，可以选用多种不同类型的电视节目，如电视纪录片、电视连续剧和文娱类节目等，这些节目形式有助于向国际社会呈现中国文化的瑰宝。选择这三种节目类型，原因在于它们是比较流行、受欢迎、得到广泛接受的节目类型，能够满足全球观众的观看需求。另外，这三种节目类型的传播内容非常丰富，可以根据特定需求进行量身定制。

（1）电视纪录片

电视纪录片是一种以事实为基础，通过运用新闻摄影技术生动地记录社会生活的影像创作。电视纪录片采用多种手段表现不同的主题，通过画面与解说有机结合，营造出动人心魄的情境，呈现出完美的艺术效果，让观众在视觉和感官上获得无限的享受。观众不仅可以从中获得知识和文化，还能感受到身心的愉悦。中国文化包含了丰富的内容，涵盖了人文历史、宗教信仰、风俗习惯等方面。这些元素能够通过纪录片的形式，搭配文字解说，达到对内、对外传播的效果。

（2）电视连续剧

电视连续剧是人们最为熟悉的节目类型之一。社会的不断发展使得各国之间的联系越来越紧密，因此文化交流也更加方便。将电视连续剧出口到国外已经成为一种趋势和商业行为，同时观看外国电视剧也变成了一种时尚活动。

中国文化题材非常丰富，可以成为电视剧的灵感之源。然而，我们的重点应该放在如何将中国文化与电视剧紧密结合，以展示出文化的独特魅力。将中华文化融入电视剧中，推向海外市场，传播中国的文化和思想，是一个逐步深入的过程。

（3）文娱类节目

有关文娱的节目可以分为两类：一类是形式上类似文艺晚会的节目；另一类则更注重娱乐性质。这两种节目在传播过程中，主要是提供娱乐和休闲的功能。中国百姓耳熟能详的节目形式之一，便是文艺晚会，春晚更是代表性节目之一。每年农历除夕晚上，中国中央电视台会举办央视春节联欢晚会。该晚会规模宏大、演员阵容强大、播出时长久，同时也创下了海内外观众收视率的最高纪录，成为世界综艺晚会的翘楚。2014 年，央视春晚被提升为“国家项目”，与奥运会开幕式等同级别。最近几年的春晚打破常规，其创新之举是邀请来自世界各地的艺术家同台演出。

国内一些地方卫视大量购买国外综艺节目的版权，因而开发符合中国特色的高品质娱乐节目显得尤为重要。要推广中国文化，必须依靠拥有“中国品牌”的节目。

第四节　以体系机制为依托铸牢与传承的路径

一、构建中华文化铸牢与传承体系的必要性

在民族的生命力、创造力以及凝聚力方面，中华优秀传统文化扮演着举足轻重的角色。传统文化也是展现国家综合国力和国际竞争力的重要部分。从历史经验来看，中华优秀传统文化是国家繁荣昌盛、民族独立振兴、人民尊严幸福的重要支柱和基石。为了保护并传承中华优秀传统文化，以及巩固社会主义先进文化和意识形态的主体性，需要建立一个稳固可靠的文化体系。只有这样，才能保证中华优秀传统文化在创新、竞争和生命力方面具备强大的优势，从而实现中华民族的伟大复兴。

（一）巩固民族和国家生存发展根基的必然要求

人类在认识和改造自然、社会、自身的历程中不断积累和创造的成果，就是文化，它是前人的智慧和后人的财富。各种文化都是人类所创造的，这些文化也成为区分人类和动物，以及人与人之间的重要标志。在漫长的人类历史长河中，

各个民族和国家都在不断地创造独特的文化，这种文化与不同历史时期和社会经济条件密切相连，渗透到人们生活的各个方面，影响着他们的思想观念和行为方式。文化是民族和国家生存与发展的关键因素之一，也是它们的独特标志。

中华文明源远流长，延绵至今已有 5 000 多年，深深地扎根于中华民族精神中，潜移默化地影响着每个人的思想和行为，体现着中华民族的精神追求，蕴藏着中华民族最基本的精神元素，是中华文明的重要象征，也是中华民族持续发展的重要力量。“求木之长者，必固其根本；欲流之远者，必浚其泉源”[①]。中华民族之所以能够不断发展、壮大，在人类历史中占据领先地位，其关键原因在于中华民族一代又一代地传承和弘扬传统文化，坚守中华民族特有的价值观念和精神品质。在经济全球化不断深化的时代，我国社会思想活跃，不同的文化碰撞和交融成为常态。因此，建立一个稳定和持续的中华优秀传统文化铸魂与传承体系已成为巩固中华民族生存和发展根基的必然选择。

（二）维系国家统一和民族团结精神纽带的必然要求

随着人类历史的演进，文化相应地产生。人们在不同的文化环境中诞生并成长，接受并传承了其所处文化背景下的文化遗产，通过实践和发展不断向下一代传递。每一种文化都是独特的，代表着不同民族的特殊性格和风格。这种独特性是民族凝聚力和亲和力的重要组成部分。中国特色社会主义文化拥有悠久的历史渊源，蕴含着 5 000 年中华民族的文明积淀，融汇了当代中国伟大实践的精华，是中华民族认同和全国各族人民以及全球华人团结的象征和标志。这种文化是中华民族实现伟大复兴必须拥有的强大精神支柱。因此，我们需要坚守社会主义文化的本质特点，同时保留中华文化的独特个性，以使社会主义文化能够与当今社会的发展趋势相融合。中华文化要既保持传统特色，又要适应时代发展。为了传承中华民族博大精深的文化遗产，并弘扬其精神内核，需要以一种客观、科学、尊重的姿态来建立一个系统，传承中华优秀传统文化。为了保持民族性和时代性，中华文化铸牢与传承的体系必须结合历史传承和现实价值，并且与社会主义发展进程相一致。

① 吴楚材，吴调侯．古文观止诠解 [M]．童少川，译．北京：开明出版社，2018.

（三）增强综合国力和民族文化竞争力的必然要求

人们普遍认为，文化是综合国力的重要组成部分，也是提升综合国力的重要动力。目前，综合国力的竞争已经超出了经济、科技和国防等硬实力方面的比拼，文化思想和民族精神等软实力也成了决定胜负的重要因素。经济全球化的加强，不仅促进了不同国家之间的跨境贸易、服务业、投资和人员流动，而且引发了各国在思想观念、价值观念和行为方式等方面的激烈交汇和碰撞。这不仅对一些发展中国家的经济造成了巨大的压力，也给它们的文化发展带来了极大的挑战。如果我国不能快速建立自己的文化优势，那么在国际竞争中保持战略利益将变得更加困难，因此我们需要不断提升综合国力。

根据格龙多纳（Grondona）的观点，人的价值观可以被归为两大类：第一类是内在的文化价值观，它具有无止境、不满足的特点；第二类是工具主义性的经济价值观，其特点在于暂时性和易于满足。文化领域的价值观对于经济的持续发展至关重要，它充当着连接短期和长期愿望的桥梁，可以有效地加强长期目标的力量。[①] 文化力量的支持是多元经济力量发挥总体功效的基本前提，这些经济力量包括宏观经济政策、竞争环境、出口导向、技术进步、人力资本等。格龙多纳根据对南北美洲各国发展状况进行长期观察和研究后得出结论：短期经济行为可通过经济逻辑进行解释；而长期的经济行为无法用经济逻辑解释的话就需要文化逻辑来解释。构建中华文化铸牢与传承的体系是增强综合国力和民族竞争力的必然要求。

二、构建中华文化铸牢与传承体系的实践路径

（一）多方努力，加强文化遗产保护

文化遗产是中华民族卓越古老文化的具体表现形式，它们跨越历史长河，经受了无数的风雨挑战，因此每个中国人都有责任去保护、继承这些珍贵遗产。随着我国经济和社会的发展，文化遗产保护面临的问题逐渐增多，如管理体制上的缺陷、过度开发旅游业、自然灾害的影响、城市化进程带来的破坏，以及技术保

① 杨建光．区域经营互动城乡论纲[M]．北京：中国社会出版社，2007．

护不足等。因此，应当集中精力解决这些问题，汇聚各方资源，强化对文化遗产的保护。

首先是，完善文化遗产保护制度。为了更加有效地保护我国的文化遗产，我们需要进一步完善文物保护法和各地文物保护管理条例，并且制定详细的保护规划，采取相应的保障措施。其次，平衡好城市开发和文化遗产保护的关系。文化遗产保护是政府的首要职责，但社会组织也在保护工作中扮演着至关重要的角色。再次，加大对文化遗产保护的投资规模。增加各级财政对文化遗产保护的资金投入，并设立专项基金予以支持。鼓励社会力量广泛参与，以共同维护和保护文化遗产。最后，在恰当的范围内开发和合理利用文化遗产。在考虑经济效益和社会效益的同时，要在保护环境的前提下适度进行开发，并采取科学有效的保护措施来利用资源。

（二）扶持发展，振兴中国传统工艺

中华民族悠久的传统工艺包含了丰富的物质和精神财富，蕴含深邃的宇宙观和生命观，与丰富的实践智慧和生产方式息息相关。它是中华优秀传统文化的重要表现和组成部分。因此，我们需要采取更多的支持措施来持续挖掘、弘扬和传承中国的传统工艺。

第一，制订传统工艺产业发展计划。为了推动中国传统工艺产业全面发展，保护濒危工艺品，扩大新兴品种的生产，政府应该根据当地实际情况，制订具体的传统工艺产业发展计划，包括研发、市场拓展和发展战略等方面，并明确各种工艺品的发展方向。第二，加强政策法规的保障。根据相关规定，地方政府需要采取相应的措施来保护传统工艺，如加强非物质文化遗产名录的登记、设立传统工艺保护专项基金、定期举办传统工艺博览会和学术技艺交流活动等。除此之外，还需要吸纳企业的投资，引入最先进的技术，推进传统工艺走向规模化和国际化，同时加强国际交流。第三，强化专业人才的培养。在高校资源的基础上设立课程，注重传统工艺，培养在设计、制作、生产和传播等领域方面与传统工艺相关的人才，以满足传统工艺生产对人才的需求。提升传统工艺大师和高级工艺师的专业认证水平，同时加强对他们的进修培训。加强人才交流合作，提高人才培养水平，加强中国传统工艺的人才培养系统建设。

（三）加强统筹，实施典籍整理工程

我国拥有5 000年的文明史，留下了大量的文化遗产和典籍，其数量巨大、价值极高，是祖先传承给后代的宝贵财富和丰厚资产。构建中华文化铸牢与传承体系，就必须整合并积极发扬传统文化。整理并传承优秀的经典著作涉及中华文化的传承和发扬光大，同时也与我们的民族精神家园建设息息相关。抢救保存古代典籍是我党历来秉持的优良传统。在中央的高度重视下，仅《四库全书存目丛书》抢救数就达4 000余种，6万余卷。这项工作不仅广受各赞誉，而且获得了全球华人的认可。我们需要更加细致周全地规划典籍整理工程，加大投入力度，积极推进工作。

一是利用高校和各大图书馆的优势，发挥它们在其中的主要作用。充分发挥高校人才和图书馆典藏的优势，加强对古籍的整理和加工，具体包括编目、索引辑佚、汇编、影印、校点、笺注、今译等活动。馆方不仅编制了专题书目、善本书目和古籍书目，更致力于推广馆藏典籍的价值，让更多人了解和使用这些珍贵的文化遗产。二是启动流失海外典籍整理工程。因西方列强的疯狂掠夺，近现代中国很多珍贵的典籍流到了海外。因此，我们有责任对海外典籍进行抢救与整理。随着我国综合国力和国际影响力的不断提高，海外古籍整理项目迎来了前所未有的机遇。我们需要制订详细的计划并设立专门的机构，还需要积极与全球各地进行沟通和协调。三是大力推进典籍数字化工程。在当今的发展趋势中，利用前沿的信息技术来整理、储存和推广经典著作是一个重要的举措。应积极推进数字化工程，将分散于各地的典籍资源整合至一个中华典籍数字资源库，并研制数字化产品。同时，利用新媒体的优势充分推广和应用典籍，力争扩大其在社会中的影响力。

（四）多重并举，传承中华文化基因

中华文化的铸牢与传承不仅是要拯救和保护文化，更重要的是对文化的继承并发展壮大。为确保中华优秀传统文化得以传承弘扬，需要采取各种手段，构建中华文化铸牢与传承体系，需要采取多种措施来传承中华文化基因。

一是在传承途径上要多法并举。例如，在国民教育、民间传承、礼仪规范、政策引导、舆论宣传、文艺创作等方面采取行动，真正让中华文化融入人们的生

活，渗透到教育和社区中。同时，要引导人们树立并坚持正确的历史、民族、国家和文化观，让中华优秀传统文化成为我们文化的基石，进而增强我们作为中国人的自信和自豪感。二是在传承形式上要多路并进。要使广大人民群众理解和接受文化，必须采取一定的艺术表达方式。为了弘扬中华优秀传统文化，应当灵活运用多种艺术形式来呈现。为了展现传统文化的魅力，可以通过多种形式如诗词歌赋、音乐舞蹈、书法绘画、曲艺杂技、戏剧、电影、纪录片、动画片、出版物等呈现，以更好地传达其现代价值和表现能力。要采取多种方法来传承知识和技能。三是在传承方法上要多策并施。需要加强政府的领导力并改进政策体系，致力于开展各种文化交流活动。要将中华优秀传统文化融入国家教育体系中，建立一些中华传统文化基地，以便更好地传承和发扬中华优秀传统文化，使这些宝贵的文化遗产得到持续的传承和传播。努力推进和支持多样化的文艺、文化团队的成长，同时积极发挥传统工艺协会的作用。除此之外，需要进一步支持文化产业基地，鼓励各种社会组织积极参与中华优秀传统文化的传承和发展。

三、完善中华文化铸牢与传承机制的途径

（一）建立政府主导下的利益导向机制

1. 完善传统文化管理制度，加强政府倡导

政府需要积极支持和管理中华优秀传统文化的保护和传承工作。为了确立一套有效的传统文化管理制度，政府需要不断加大管理力度，同时积极推进组织和领导工作，使其取得实质性进展。政府需要履行其职责，并着重突出传统文化建设的重要性，以确保相关工作得到切实的落实。各部门应将此项任务列入日常工作计划，同时加强协调、统筹及宣传推广。我们需要制定相关法规和制度，以促进传统文化的繁荣发展，并进一步完善政策激励机制。必须分配任务并明确责任，以确保各项传统文化建设工作得到有效落实。此外，需要制定完善的监管、审查和预警制度，同时加大奖罚措施和力度，以确保传统文化建设工作稳定推进。需要确切地了解传统文化建设的进展情况，并采用逐步细化和逐步监督的方法，完善实际的奖惩制度和绩效评估机制。建议将传统文化建设和发展纳入领导班子的年度考核体系中，将其视为评估领导班子成员业绩的重要标准。激发各级各部门

的动力，鼓励他们参与传统文化建设的活动，以发挥最大的效能。积极履行党的十八大提出的传承和弘扬传统文化的任务，为实现传统文化建设的目标而不断努力，号召全党全社会齐心协力，积极促进传统文化的繁荣与发展，营造出浓郁的文化氛围。

建立党政一体化的工作机制，同时加强组织协调和责任分工，以实现全党全社会的广泛参与和有效管理。除此以外，还应健全传统文化建设的目标责任管理制度，制定详细的工作规定和每日考核措施，加大对传统文化建设进展的监督与考核力度，以确保实现各项工作目标并取得实际效果。抓住传统文化的最新动向，研究传承中的最新特色和趋势，制订切实可行的工作计划，解决传统文化发展过程中新出现的难题和挑战。紧密结合经济、政治和社会各领域的工作，加强传统文化建设并弘扬中华优秀传统文化。同时，将联合研究、制订计划一并组织实施，责无旁贷地进行监督和检查。

2．健全传统文化建设工作机制，加强部门协作

创建和完善传统文化工作机构，是实现文化振兴、促进文化繁荣发展、延续中华优秀传统文化的重要保障。要采用创新性的继承方式，加强党和政府的领导和部署，确保各级部门之间的协同配合，发挥各自的专业优势，承担起责任，全面重视传统文化建设工作的思想意义。整个社会和国家应该形成一条绳，汇聚力量，发挥众人之力，共同投身于传统文化建设工作，激发各群体参与的热情。必须依照传统文化自身的要求，逐步建立并完善机制，以团结合作为动力，共同促进中国传统文化不断进步，达到更高层次的发展。

（二）切实完善相关的政策保障机制

在确保政策法律保障先行的前提下，建立建立健全中华文化铸牢与传承的机制。这不仅需要每个人的高度重视，更需要国家制定相关政策和法律措施，为传统文化的不断传播提供有力的保障和支持。政府应当积极出台文化管理政策，科学全面地管理和开发文化资源，同时推动创新，建设一套完整的、科学的传统文化建设保障体系。

1．加大投入力度和政策扶持力度

传统文化建设工作，只有在不断注入相关资金的支持下才能实现。如果缺乏充足的资金投资，传统文化的建设就会受到限制。为了造福子孙后代以及促进国

家、民族的进步，政府应当加大资金投入，并谨慎规划和运用这些资金。除此之外，政府还应该优化财政和政策保障方面的制度。为了促进传统文化事业和领域的发展，可以采用多种融资方式，提高文化事业在财政预算中的比重。提高对传统文化产业的支持程度，采取土地、财税、价格和投资等方面的扶持和激励政策，设立专项基金，并合理规划年度预算，以确保传统文化建设得到良好的推进和保障。我们应该积极地鼓励和支持个体企业和其他社会组织投身于传统文化建设，为传统文化建设领域提供支持。除此以外，还需积极探索新的传统文化政策，并持续推动中华文化传承体系的建设。政府应当充分履行其职责，通过宏观控制和微观调整的手段，采取多种途径和方式，推动传统文化的建设。加强国际合作，积极参与竞争，保障弱势企业的权益，创造有利的政策环境和氛围，为传统文化提供有利的发展条件。

2. 加强基层文化人才队伍建设

加强人才队伍建设，发展壮大传统文化事业，需要充分利用专业人才的力量。要实现这个目标，必须在改革文化体系的基础上，更加努力地培养人才，持续改进培养体系，并重视人才的继续培训。将传统文化建设体系与文化人才的培养有机结合，使其成为日常性的工作。必须深刻理解“人才资源是第一资源”的意义，加快推进吸引和保障人才的措施，并科学规划和编制人才队伍。同时，应该鼓励高水平文化知识人才到城乡基层服务，树立服务基层、以基层为导向的观念。重视培育文化人才，尤其是重视建设实力雄厚的文化企业家，是党和政府应该优先考虑的。加强人才培养方面的工作，建立相应的政策机制，以营造优良的工作氛围和培养条件，进而扩大文化人才的储备，助力传统文化的不断创新。

要促进传统文化产业的发展和创新，需要密切依赖专业的文化人才，特别是具有综合素质的高端人才。然而，我们国家在传统文化人才领域仍存在人才短缺的问题。人才需求与传统文化建设之间还未达到平衡，加之市场供给中传统文化人才的质量有待提高，因此国家需要投入更多的精力来打造一支专业的人才团队，并且采取措施促进传统文化的创新。这需要完善政策利益导向手段，面向市场和社会，以培养出优秀的文化建设人才为根本。

3. 鼓励各地开展地方特色文化事业

文化是由地理环境、社会形态、生产方式等多种因素互相影响形成的，每个地方的传统都在其中发挥着独特的作用，促进了文化的生成和发展。随着文化积淀不断深入，地方特色变得更为历史悠久、特点更为鲜明、独特性更加凸显。中华优秀传统文化是由多个民族和地区各自独具特色的文化融合而成的。铸牢与传承中华文化的重要内容和途径之一，是鼓励不同民族和地区展现其独特的文化。

在推动少数民族文化繁荣发展的过程中，认识到少数民族文化的价值和意义是至关重要的。同时，这也有助于推动中华优秀传统文化的发展。在推广少数民族传统文化时，必须始终清醒地认识到历史使命和责任，专注于提高能够服务于少数民族地区的能力，树立科学的发展理念，以确保满足少数民族群众的基本文化权益和需求。要让促进少数民族文化繁荣成为一个战略性任务，注重深度挖掘和保护各个少数民族传统文化，同时加强对文物和非物质遗产的保护。此外，需要积极整理并出版与该文化相关的经典作品，以推动文化的传承和发展。注重实际情况，考虑各地的经济发展水平、社会文化差异、当地民族的风俗习惯等具体因素，因地制宜地制订方案，以避免一刀切的标准化处理。制定更加完善的法规制度，加强对少数民族传统文化的保护和支持，给予少数民族地区特殊的优惠政策以促进其发展。深入探索各地特有的传统文化内涵和珍贵意义，以促进少数民族地区传统文化的持续繁荣和发展。为少数民族地区文化事业做出积极贡献，助力党的民族政策和文化建设目标的实现。最近几年，国家针对少数民族地区的传统文化保护工作，出台了一系列优惠政策和法律法规，加大了对这些地区的保护力度。2011 年之后，国家还先后批准成立至少 5 个少数民族文化生态保护区。这表明我国在保护少数民族传统文化方面越来越重视。

（三）以产业化之路推进文化铸牢与传承机制创新建设

1947 年，阿多诺（Adono）和霍克海默（Horkheimer）在《启蒙的辩证法》一书中首次引入了“文化工业”的概念，这也是“文化产业化”一词的起源。他们认为工厂以现代化科技的方式加工大量文化产品。这些文化产品的特点是集约化、规模化、市场化，主要是通过电影、电视、广播、报纸和杂志等主流媒介被社会和大众等获取。

随着社会的不断进步，科技不断创新，经济社会呈现出不断变革的趋势。在多彩多姿的生活中，人们对文化产品的需求日益增长。需要加快文化产业化的进程，以推动传统文化建设，并满足人们对文化多样性的需求。必须大力促进文化产业向前迈进，并且构建一个当代化的文化产业体系。为保持不断创新，应积极推进传统文化产业生产模式的创新和发展。传统文化的进一步发展与壮大主要依托于改革创新。传统文化的发展需要进行改革，并且需要创新策略来推进，这是文化发展的关键。因此，有关部门应当抓住机遇，探索文化改革的新思路，推动现有资源的改革和创新，提升资源的活力，同时积极开辟新的资源渠道，以提升发展的动力。要继续深化文化体制改革，推进国有文化单位改革，加快经营性文化单位向企业制的改革，正确引导社会资本、非公有制文化企业以多种方式参与国有经营性文化单位的改制，以推动文化生产要素和社会资源、力量逐渐向文化产业方向聚集，进而逐步扩大传统文化行业的规模。

（四）完善依托现代传媒技术的传播机制

文化的发展是一个传播的过程，一个民族的文化影响力与其内在的思想内容和传播能力密切相关。文化传播能力越强，就能将其文化价值观念传播得更广泛，涵盖范围更广。在党的十八大报告中，强调了打造具有现代化特色的传媒体系，以提高传播能力。这是一种至关重要的手段和途径，可以弘扬中华优秀传统文化，对于继承和巩固中华优秀传统文化的成败有着直接的影响。要提升中华优秀传统文化的影响力，必须建立一套现代化、覆盖面广、传播技术先进的传播机制。为了实现这个目标，需要更加有效地监管涉及报纸、杂志、出版社和广播电视台等相关媒体，同时推进对传统文化传媒机制的改革和创新，增强国际传播的能力，以实现建设世界级媒体的目标。

我国的文化宣传部门最近几年在传播能力建设方面取得了很大的进步。他们正在整合多种媒体渠道，包括报纸、通讯社、广播电视、互联网和出版社等，利用有线、无线和卫星等多种技术手段，以促进文化传媒体系的现代化建设。他们还努力寻找新的传播途径，丰富传媒工具，组建专业团队，聚集专业人才，共同致力于推广传统文化。然而，随着我国经济社会的快速发展，人民对文化和精神方面的需求日益增长，需要认识到，目前我国的传播体系存在一些不足，无论是传播技术还是传播能力都有待提高。我国应该致力于提升科技传播水平，以应对经济社会的变革并满足广大人民群众的需求。

参考文献

[1] 胡培安，陈旋波．华文教育与中华文化传承 [M]. 北京：社会科学文献出版社，2018.

[2] 陈玉英，张秀梅，祁顺柱．中华传统文化 [M]. 石家庄：河北科学技术出版社，2019.

[3] 王华东．传统文化内驱力视角下中华文化传承研究 [M]. 北京：经济管理出版社，2019.

[4] 赵铁信．中华文化的传承与发展 [M]. 北京：文物出版社，2010.

[5] 彭翠．中华传统文化在新时代的传播与传承 [M]. 北京：中国传媒大学出版社，2022.

[6] 刘恋．文化自信视域下中华优秀传统文化的传承与发展 [M]. 长沙：湖南师范大学出版社，2022.

[7] 赵坤，耿超．赓续文脉：传承发展中华优秀传统文化 [M]. 重庆：重庆出版社，2021.

[8] 李申申，陈洪澜，李荷蓉．传承的使命：中华优秀文化传统教育问题研究 [M]. 北京：人民出版社，2011.

[9] 武斌．中华传统文化传承史纲 [M]. 沈阳：辽海出版社，2019.

[10] 陈志超，雷乐街．中华文化传播路径与策略 [M]. 芜湖：安徽师范大学出版社，2022.

[11] 熊芳．中华文化在中国电影中的呈现与传播策略 [J]. 电影文学，2023（7）：51–56.

[12] 赵伦娜，陈立鹏．文化传承视域下铸牢中华民族共同体意识教育研究 [J]. 学术探索，2023（2）：135–142.

[13] 周步兵，陈兆淼．中国式现代化：中华文化传承创新的时代主旋律 [J]. 中学政治教学参考，2023（5）：6–8.

[14] 武建秀．汉语言文学对传统文化传播的作用分析 [J]. 中国民族博览，2022（24）：121－123.

[15] 蔡萍．文化自信视域下中华优秀传统文化传承与发展研究 [J]. 中国民族博览，2022（23）：179－181.

[16] 胡斌，薛驰宇，彭欣芙．新时代中华茶文化传承与发展之初探 [J]. 今古文创，2021（34）：71－72.

[17] 朱宁．新时代中华优秀传统文化传承发展研究 [J]. 汉字文化，2022（22）：162－164.

[18] 崔璨，王瑞军．中华优秀传统礼仪文化传承路径研究 [J]. 文化创新比较研究，2022，6（26）：91－94.

[19] 罗树杰．中华优秀传统文化传承与创新的再思考——以天琴文化为例 [J]. 贺州学院学报，2022，38（2）：1－5.

[20] 陈学军，陈建樾．中华民族文化的保护、传承、发展与互鉴——以习近平文化建设重要论述为视角 [J]. 贵州民族研究，2022，43（2）：1－6.

[21] 王姗．初中语文传承中华优秀传统文化教学策略研究 [D]. 北京：中央民族大学，2022.

[22] 杨盼盼．新时代中华传统文化传承发展研究 [D]. 西安：西北大学，2019.

[23] 郑君．中华优秀传统文化的思想政治教育价值研究 [D]. 长春：东北师范大学，2022.

[24] 赵信彦．习近平新时代中国特色社会主义思想传承创新中华优秀传统文化研究 [D]. 济南：山东大学，2022.

[25] 周欣．中华优秀传统文化中和合思想的传承与创新研究 [D]. 郑州：河南工业大学，2020.

[26] 鞠忠美．中华传统文化创造性转化创新性发展实现机制研究 [D]. 济南：山东大学，2018.

[27] 曹婧．新课标中小学体育教科书“传承”中华优秀传统文化研究 [D]. 长沙：湖南师范大学，2021

[28] 彭宇．中华优秀传统礼仪文化传承研究 [D]. 长沙：湖南师范大学，2020.

[29] 于航．中华传统孝文化在新时代的传承与创新研究 [D]. 长沙：广西师范大学，2019.
[30] 刘凡．文化全球化视域下中华优秀传统文化的传承与发展研究 [D]. 延安：延安大学，2019.